U0037124

道德經
的智慧

生活哲理第一書

不學「道」，不足以處世
不識「道」，不足以經商
不得「道」，不足以為官

丹明子◎編著

前　言

　　老子，姓李名耳，字伯陽，謚號聃，春秋末期楚國人，曾任周朝守藏史。是中國古代思想先哲第一人，中國的哲學之父，也是道家學派的創始人。他的經典之作《道德經》，洋洋灑灑五千言，給世人留下了豐富的哲理寶藏，構造出了樸素、自然、豁達、飄逸的宇宙觀、人生觀和方法論的宏大框架。我們可以從社會、文化、政治、經濟等諸多方面獲得《道德經》所蘊含的思想的指導與啟迪。《道德經》的精髓也為越來越多的西方人所驚羨。

　　也許正因如此，很多人都認為《道德經》非常深奧難懂，所以才會望「道」興歎！

　　《道德經》分為上下兩篇，上篇起首為「道可道，非常道；名可名，非常名」，所以人稱《道經》；下篇起首為「上德不德，是以有德；下德不失德，是以無德」，所以人稱《德經》。《道經》講述了宇宙的根本，道出了天地萬物變化的玄機，講述了陰陽變幻的微妙；《德經》說的是處世的方略，道出了人事的進退之術，包含了長生久視之道。《道德經》一書中的智慧，源於老子對世情的洞察：時代的戰亂、社會的不安定、人事的紛爭、生命的無常，點點滴滴積澱成老子的關於人性的修養、處世哲學、治國之道、軍事哲學、養生之道等的智慧之學。

　　例如，「見素抱樸，少私寡欲，絕學無憂」（第十九章）的思想，告訴人們清靜無為可以養神長壽；「禍兮福之所倚，福兮禍之所伏」（第五十八章）、「反者道之動」（第四十單章）的觀點，說明世事常變化、矛盾和對立轉化是永恆不變的規律、福禍相互轉化的道理。「知足不辱，知止不殆」（第四十四章），教導人們不要追名逐利；「無為而治」的觀點，又指出了領導藝術的不至善境界……

《道德經》不僅是一部哲學經典，而且它的文字簡潔、轍韻強勁，可以被看作是一種特殊形式的詩。因此，有人說《道德經》是哲學的詩化表述。但是，它比我們通常所說的詩更具有完整、豐富的哲學內涵和人生哲理。如今我們耳熟能詳的許多哲理成語，比如「福禍相倚」、「知足不辱」、「大智若愚」、「哀兵必勝」、「和光同塵」、「視而不見」、「聽而不聞」、「天網恢恢，疏而不漏」、「千里之行，始於足下」、「為而不恃」等等，都源自於《道德經》。字字珠璣，如同警句一樣開啟我們的智慧，激發我們的靈感，警醒我們的意識，使我們神遊天界外，道由意中來！

老子的思想體系包含著豐富、精妙的生存智慧、管理智慧，其中的妙語箴言，即使經過兩千多年歲月的洗禮，依然光彩熠熠。日本學者盧川芳郎說：「《老子》有一種魅力，它給在世俗世界壓迫下疲憊的人們以一種神奇的力量。」在二十一世紀的今天，我們更應該將《道德經》當作解決新世紀人類各種矛盾和問題的睿智之書，從中汲取無窮的智慧和力量，幫助我們在人生道路上更好地生活和工作，從而使我們短暫的生命獲得無盡的快樂與成功！

林語堂先生曾經說：「我覺得任何一個翻閱《道德經》的人最初一定會大笑；然後笑他自己竟然會這樣笑；最後會覺得現在很需要這種學說。至少，這會是大多數人初讀老子的反應，我自己就是如此。」因此這本《道德經的智慧》，力求做到行文通俗易懂，希望能幫助大家更好地理解《道德經》中的智慧真諦，讓「道」真正地融入我們的日常生活之中，從我們身邊的細微末節就能夠體會到老子的思想。但是，真正做到深入淺出是很不容易的，既要表明老子的觀點，還要結合於現實，因此也就只能將自己的理解進行一個簡單的陳述，其中存有不足也在所難免，希望能給大家帶來一些智慧的啟迪。

道德經的智慧

目　錄

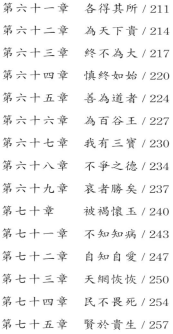

道德經的智慧

第一章　眾妙之門

道，可道，非常道；
名，可名，非常名。
無名，天地之始；有名，萬物之母。
故常無，欲以觀其妙；常有，欲以觀其徼。
此兩者同出，而異名，同謂之玄，玄之又玄，眾妙之門。

道，可道，　　　　　　　大道，可以說出來的，
非常道。　　　　　　　　就不是永恆的大道。
名，可名，　　　　　　　相名，可以命名的，
非常名。　　　　　　　　就不是永恆的相名。
無名，　　　　　　　　　天地未成形的狀態，
天地之始；　　　　　　　是天地萬物的開始；
有名，　　　　　　　　　萬物本原的命名，
萬物之母。　　　　　　　是生育萬物的根源。
故常無，　　　　　　　　所以經常從無目的、無拘束、無局限的狀態，
欲以觀其妙；　　　　　　來觀察「道」無名無形的微妙；
常有，　　　　　　　　　經常從有目的、有拘束、有局限的狀態，
欲以觀其徼。　　　　　　來觀察「道」有名有形之處的真實。
此兩者同出，　　　　　　無名無形、有名有形都來源於道，
而異名。　　　　　　　　是道的兩種不同的形態和境界的同一真理。
同謂之玄，玄之又玄，　　深奧啊，神妙啊，
眾妙之門。　　　　　　　這是洞察宇宙間一切奧妙變化的門徑。

【智慧解析】

先來聽一個故事：五代時有個宰相名叫馮道，馮宰相養了不少門客。所謂門客，就是一種閒人，寄食在名人的門下，有時幫助名人出出主意。有一天，一個門客給別人講老子的《道德經》，不想一開篇就遇到了天大的難題。古時候講忌諱，尊者的名字不能隨便說，不像現在的人，兒子敢跟父親稱「哥們兒」。「道可道非常道」，這一句可怎麼講？「道可道」，實在是不可道，因為這個「道」字正是主人的名諱，是不能講的。於是他只得把「道可道非常道」，讀作：「不可說，不可說，非常不可說。」

這位門客沒有想到，其實他的這句話是歪打正著地一下子觸及到了「道」的真諦。道的確是不可說的，說出來就不是道了。

這裏，老子為我們講述了「道」和「名」的概念，以及「無」和「有」的真意。記得朱子曾經說過：「道就像路一樣，是人們所共同擁有的」。所有的天地人物都在遵循的規範，就是這裏提到的「道」。

《老子》一書之所以又名《道德經》，究其原因，第一，它要闡明的觀點就是什麼是「道」；第二，它要闡明的觀點就是什麼是「德」。弄清楚這兩點，並掌握其概念的要領，才能逐步走進其所營造的特殊境界。

古時候的人絕不懂得什麼是「上網」，也不知道什麼是「電腦」和「手機」。「文革」時期的語言，現在的年輕人便不大明白；而黑道上的「切口」，局外人也聽不懂。老子說，你要想了解現實中事物的變化，研究概念就可以了，你要是還想研究概念產生之前的那個無名宇宙的奧妙，那你就得用另一套語言系統才行。至於這另一套語言系統是什麼，還真不好說。

其實，研究宇宙奧妙的語言不只一套，有科學家用的，他們所闡述

道德經的智慧

010

觀點的語言多是術語，對於一般人來說是聽不太懂的；有佛家用的禪語，這種語言如果沒有一定的悟性，也很難明白。而老子告訴我們時，所用的又是另外一種語言，它雖然沒有華麗的辭藻，但是如果不是有道之士，也無法明白它的深遠含義。這種語言就是「悟語」。不僅要參悟語言，就連心靈都得進行悟透，忘卻欲望、忘卻寵辱。所以說「常無欲以觀其妙」，是無心得之。

道，既然是《道德經》所要講述的核心問題之一，那麼，就讓我們一同來探討一下「道」含義吧！在天地還未生成之前，這個「道」就存在於浩瀚的宇宙之中了。所有天體的運動與變化，其中都有「道」的跡象可尋。在這裏，「道」所呈現的這一規律，就是現在經常說的「宇宙觀」，或者稱為自然規律。當天地形成之後，「道」這種規律，就自然而然地存於世間萬物的生長、活動、變化，以至滅亡之中了。

道，在天地未分之前就一直存在著；在天地形成之後仍然存在，並且為我們的意識所感覺得到。雖然無法看見和聽見它，但是我們卻相信它的存在，並且依舊按照它所設定的軌跡行走著。既然如此，我們就必須了解這種客觀規律，讓它成為我們的工具，更好地為我們服務。

自從有概念開始，這個世界就分成了兩大部分：一部分是現實的實有世界，另一部分就是虛無的宇宙。一個可以用肉眼看見，另一個只有用心靈才能感受到，而且還不是一般人的心靈。人類自從成為萬物之靈後，有了自己的思想和語言，並且依靠它們進行著生產活動，也依靠它們不斷地發展壯大自己，從而成為地球的主人。然而，人類的語言和思想活動有著很大的局限性，因此想認識和掌握這百億年前就已存在的「道」，還是相當困難的。但是，人類是一個充滿信心的物種，讓我們在不斷的探索中，去尋找和認識這種古老的終極規律。正是在這種永不停歇的探索和發現中，我們了解到人生和宇宙大道之間的距離，並且找到了一個新的角度，來讓我們去思考宇宙大道和人類自身的真意。而提出

這一思考方式的就是老子。

他在《道德經》中講述了「道」是宇宙間所存在的一種無法用語言來描述的大規律，而這種規律似乎存在於我們的意識形態之中，但卻無法被我們掌控。因此，在了解和認識它的過程中，就需要一個詞冠於這個規律之上。然而無法用語言來形容的這種大規律，也不可能有一個長久的、恰當的名字予以冠之。這就是世上沒有絕對不變的真理，宇宙大道同樣是在不停變化的，所以它的奧妙仍需要我們不斷地探索和研究！

但是，人類要想認識大道的真解，仍需要一個概念性的詞語來表現和解釋。這就是「無」和「有」所能承載的狀態。俗話說：「無中生有」，在這裏所講的「無」就是沒有的概念，表示一種虛空的境界，一種無法描繪的廣闊，也就是大道的存在方式。而「有」的含義是從「無」中衍生出來的，它所代表的是一種孕育萬物生機的能力和狀態。當我們要認清宇宙和自然的這種大規律的時候，「無」和「有」是我們必須把握的兩個概念，只有從這兩方面去探討，才有可能幫助我們了解大道的實質！才有可能打開眾妙之門！

第二章　功成弗居

天下皆知美之為美，斯惡已；
皆知善之為善，斯不善已。
故有無相生，難易相成，長短相形，高下相傾，音聲相和，
前後相隨。
是以聖人處無為之事，行不言之教，萬物作焉而不辭。
生而不有，為而不恃，功成而弗居。
夫唯弗居，是以不去。

天下皆知美之為美，	天下人都知道了美之所以是美，
斯惡已；	醜的觀念也就知道了；
皆知善之為善，	都知道了善之所以是善，
斯不善已。	也就知道了什麼是不善。
故有無相生，	所以有與無相並而生，
難易相成，	難與易相互成就，
長短相形，	長與短相互對比，
高下相傾，	高與低相互充實，
音聲相和，	音節與旋律的相互配合，
前後相隨。	先與後相互追隨。
是以聖人處無為之事，	所以聖人用無為的方式處理世事，
行不言之教。	施行不發號施令的德政教化。
萬物作焉始而不辭，	讓萬物自行發展而並不創始，
生而不有，	讓其自由生長和活動而不佔有，
為而不恃，	任其自為而不施加自己的意志，
功成而弗居。	功成業就而不去佔據啊。
夫唯弗居，	正是因為不去佔據，
是以不去。	所以才永遠不會失去。

【智慧解析】

我們都聽說過「白馬非馬」的典故。為什麼白馬不是馬？因為馬是個大概念，白馬則是個小概念。白馬不是馬，就好比說樹木不是森林，女人不是人，楊貴妃不是女人一樣。白馬非馬的命題被公孫龍發揚光大。公孫龍說：「馬者所以命形也，白者所以命色也，命色形非命形也，故曰白馬非馬。」又說：「白馬者，馬與白也，白與馬也。」如果你說白馬是馬，那白呢？哪裏去了？白馬是白和馬組成的整體、活體，而不是抽象的馬。

按照老子的觀點，這些都是人們自擾的問題。白馬不是馬是什麼？不僅白馬是馬，黑馬是馬，就連那不是馬的東西也可以是馬，為什麼？因為我們都是從一個地方來的，都是由一樣的物質——非常小的微型顆粒變化來的，都是由肉眼看不到的最基本的分子啊、中子啊、原子啊、中微子啊等玄而又玄的東西組成的，而這一切都是從大道中孕生出來的。天地與我為一，萬物都是一理。莊子有一天變成了蝴蝶，不是做夢，而是真的變成了蝴蝶。人和蝴蝶在本質上差別嗎？所以，正是在這個意義上，莊子才說出了「天地一指，萬物一馬」的話。

當我們了解了天地萬物的生成都是從大道中得來的，也就明白了世間的一切都是變化的；當我們叩開了眾妙之門的時候，我們更清楚地意識到，萬物是相互依賴、相互轉變的。而我們從認識世界所使用的概念中，知道了更多有助於我們了解大道的範疇。

這些範疇不僅可以讓我們去更好地探索宇宙大道的變化規律，同時也在意識形態中幫我們營建了生存標準，確定我們的生活範圍。比如，用東、西、南、北、中、上、下、左、右、前、後的概念來辨別方位；用酸、鹹、苦、辣、甜的概念來標誌味道等等。這些概念是我們可以感受到的，是可以用一個固定的「名」來標注的。而有一些絕對的概念是

無法用器官來感覺、認識和判斷的。對於這些無法感知但確實存在的概念，我們只有以人類特有的意識去理解和判別了。

老子說，既然世上的事物是這樣相對的，人們何必要自尋煩惱呢？你什麼都不要做，什麼也不要說，你改變不了這個世界。不管你有多麼強的脾氣，你只能順著事物的規律走。你看世上的萬物，是誰教化它們那樣了？它們是自然而然的，不因為自己的存在而顯示什麼，當然更不居功自傲。事物和人一樣，只要驕傲，就會滅亡。事物不懂得驕傲，所以，它們才能永存。而人類不行，我們總想對這個世界說三道四，總想按照我們的意志改造這個世界。改造得了嗎？我們曾經開山造田，也曾毀林造田，做過「人有多大膽、地有多大產」的試驗，大自然已經狠狠地，或者正在狠狠地，或者將要狠狠地報復我們。不遵循天道而行，就是在用自己磨快了的刀子自殺！

在人生旅途中，有許多概念是處於相對的範疇的。我們在了解美麗的同時，自然就知道了醜陋為何物；當我們知道生的含義時，同時又了解了死的概念；當我們明瞭善良的本質時，就清楚地知道了為惡的結果……推而廣之，當我們了解了什麼是失敗、苦難、妻離子散時，才會明白什麼是勝利、幸福、天倫之樂。

其實，當我們擁有知識頭腦，產生了各種概念時，就是遵循大道的結果，延續著宇宙大規律的演變，它們天生就是相互對立、矛盾的。然而，我們在這種對立之中只願意看對自己有利的一面，不願接受不利的另一面，就像所有人都願意聽到他人對自己的表揚，而不願意聽到對自己的批評一樣。這並不是我們的錯誤，因為萬事萬物都是相對而存在的，只是由於語言和認識的局限性，使我們無法深刻地理解這種規律的真實性；無法真正表現出大道的真理。只能以虛假的、不準確的、不完全的概念去解釋大道的概念，而無法真正領會大道那自由自在的境界。

大道無言，大道無際，它孕育了天地萬物，並使天地萬物感受到它

的存在和力量，然而卻無法相應和準確地將它描繪出來。因此說，大道是絕對的，是沒有對立的，我們也只有去掉了這種相互對立的概念，不用一種實際的「名」來確立，也就是沒有了所謂的範疇，去掉了那種不該有的局限性，這時我們便與大道相融了；也就了解了大道的真意；也就沒有煩惱和憂愁，變得自由自在了！

第三章　不見可欲

不尚賢，使民不爭；
不貴難得之貨，使民不為盜；
不見可欲，使心不亂。
是以聖人之治，虛其心，實其腹，弱其志，強其骨。
常使民無知無欲，使夫知者不敢為也。
為無為，則無不治。

不尚賢，	不崇尚有德才名聲的人，
使民不爭；	使老百姓不去爭名；
不貴難得之貨，	不以難得的奇珍異寶為貴重之物，
使民不爲盜；	使老百姓不去做盜竊的事；
不見可欲，	不顯耀可以引起貪心的事物，
使心不亂。	使心不產生邪淫和惑亂。
是以聖人之治，	所以聖人的治理準則是，
虛其心，	排空人們投機取巧的心智，
實其腹，	充實人們的肚子，
弱其志，	削弱人們爭名奪利的志向，
強其骨。	強健人們的筋骨。
常使民無知無欲。	永遠使人們沒有投機取巧、爭名奪利的欲望。
使夫知者不敢爲也。	使那些即使是聰明的人也不敢做、不去做。
爲無爲，則無不治。	無所作為，那麼天下就不可能得不到治理了。

【智慧解析】

　　社會上充斥著「高薪誠聘」有才能的人招聘啟事，這是崇尚社會賢能的結果。用我們現在的觀點看，崇賢尚能並沒有什麼錯，不僅沒錯，而且好像還做得很不夠。老子卻不提倡崇尚賢能，但老子本人卻絕對是天下第一等的賢能，就連孔子都要向他請教。據說孔子見了老子之後，好幾天不說話。他的弟子問：「老師，您在老子那兒見到了什麼？聽到了什麼？我們感覺到老師從他那兒回來好像有點不對勁兒啊。」孔子說：「鳥，我知道它能飛，魚，我知道它能游，獸，我知道它能跑。能跑的獸可以用陷坑捉住它，會游的魚可以用網逮住它，會飛的鳥可以用矰捕獲它。可是對於龍，我就沒辦法了，因為龍這東西，聚則成形，散則成彩，既可潛身海底，又可乘風御天。我今天見了老子，就好像見到了龍！」

　　在老子看來，如果不崇尚賢能，那人們就不會爭功奪名。人們要是爭奪功名，心裏就亂了。心裏一亂，就活不好了。對於人來說，什麼才是幸福？心靈安寧是最好的。知識多、有能力、品德高尚的人是很好，人們都會尊重他們。可是千萬不要給他們很特殊的待遇，否則他們就會驕傲了。這不僅毀了他本人，而且更多的是毀了別人。人是欲望之物，不患寡而患不均，而這種不均就會導致人們心靈不寧靜，就會使人們產生很多的欲望，也就難免犯各種各樣的錯誤。錯誤致使社會不安定，人們就更不安寧了。讓人的心靈不寧靜的東西還有許多。亡命徒為什麼搶銀行？因為錢能買到他的欲望；搶匪為什麼要搶少女脖子上的金項鍊，因為金子值錢。如果你用金子壘廁所，小偷還會偷嗎？

　　依照老子的想法，人是平等的，物也是平等的，何必要去做人為的區別呢？

　　當天地萬物從大道中生成之後，人類由於多種原因的結合形成了社

會，因此而產生了階級以及高低貴賤的差別。人們為了能使自己生活得更好，能讓自己的社會地位更優越，就產生了名利的欲望。人類在各種欲望的驅使下，促使自己不斷追求美好的事物。因為人類認為只有得到這些美好的事物，比如名與利，才能擁有良好的社會地位，及優越的生活環境，得到他人的讚譽和尊敬。

但是，能擁有這些美好事物的人畢竟是極少數的，而這些少數人為了使自己的社會地位更加穩固，為更好地保護自己的利益，想盡方法去協調和指揮他人，充分地調動他人的積極性，來為他們更好地服務。因此，他們設立了各種各樣的名位，讓天下的人們用自己的才智去獲得，並甘心幫助他們把社會管理得更好，而他們也達到了籠絡人心、鞏固地位的目的。然而這不是最好的治理天下的方法，它只能為一時，無法成一世。因為這樣的做法看似很有用，而且效果不錯，但是它卻將人們的欲望催化，使人們只知爭名奪利，最終會造成大亂。

這就像這樣的一個故事：有一個年輕人，大學畢業後從事導遊工作。他熱愛這份工作，對待遊客從不分三六九等，雖然薪水是固定的，但是他從工作中獲得了愉悅自在的感覺。那時他還不知道「小費」為何物，直到有一次一位出手闊綽的遊客給了他一筆小費。年輕人感到「豁然開朗」，原來錢還可以這樣賺。漸漸地他開始關注能拿到多少小費了，工作本身似乎已經並不重要了。不給小費或者只拿出一點點小費的人在他的心中怎麼看都彆扭。當別人接了「豪華團」之後，他就恨得咬牙切齒。有一天，他突然發現，這份自己曾經熱愛的工作不知為什麼總是做得不舒心，自己再也不像原來那麼快樂了。

其實，真正的聖賢之人在治理天下時，明白「大道無為」的道理，知道與其將人們名利的欲望挑起而加以利用，還不如讓人們沒有這種名利的欲望更好；與其讓人們因崇尚獎勵而爭得你死我活，還不如沒有獎勵制度，也就避免了人們的爭搶；與其讓人們為了那些無謂的珍寶而偷

盜搶劫，還不如讓人們心目中沒有珍寶的存在，也就不會有誰再有非分之想了。如果一個這樣的人，能從自身做起，視名利如雲煙，視金錢如糞土，並將這種思想應用到治理天下中，則真的能讓天下人從心中靜謐下來，淡漠了功名利祿的欲望，認真地做事做人。也只有當人心平衡安靜的時候，天下才能得到真正的安定。

第四章　和光同塵

道沖，而用之或不盈。
淵兮似萬物之宗。
挫其銳，解其紛，和其光，同其塵。
湛兮似若存。
吾不知誰之子，象帝之先。

道沖，	道是空虛的，
而用之或不盈。	而使用起來卻沒有窮盡。
淵兮	深邃啊！
似萬物之宗。	好像是萬物的根本。
挫其銳，	折斷它的鋒芒，
解其紛，	拆解它的糾紛，
和其光，	將其光耀含斂，
同其塵。	將其混同於塵垢。
湛兮	幽隱得很啊！
似若存。	似乎還有它的存在。
吾不知誰之子，	我不知道它是從哪裏產生的，
象帝之先。	在存在萬物的法象締結之前就有它了。

【智慧解析】

　　從前有個叫尹喜的人總是纏著老子，詢問「道」究竟是個什麼東西。否則不好理解為什麼老子在《道德經》中反覆提起它，並且還從不同角度進行解釋。也許尹喜已經明白了，但是尹喜怕明白的不是道的真諦。因為道這個東西，只可意會，不可言傳。一不小心，就會掉進語言的陷阱裏。

　　老子告訴他：「我已經說過了，道可道非常道，道要是能用言語說出來，那不就跟平常的東西一樣了嗎？我們看到的這個世界，世界上存在著的這些個物體，比如說這棵竹子，竹子做的這個小凳子，都是實有的東西。啞巴說不出來，也能用手指出來。用《易經》上的話來說，就是『形而上者之謂道，形而下者之謂器』。看得見摸得著的，是低級的東西；高級的東西看不見也摸不著。但是人看不見的東西，不等於不存在。可是，這種無形無影的東西，我又怎麼能跟你說得清呢？」

　　「不光是說不清楚，就是我說得清楚，你就一定能聽明白嗎？有句話叫作『對牛彈琴』，是說牛兒聽不懂琴瑟之聲。其實，那也得看是什麼樣的牛。我這頭青牛能聽不懂嗎？伯牙鼓瑟六馬揚秣，那馬也聽得津津有味。老師在臺上講課，有的人聽懂了，有的人卻聽不懂；有的人只給他講一遍就足夠了，有的人給他講上七八遍也不夠。是老師講的有問題呢，還是學生聽的有問題？還是是雙方都有問題？」

　　老子說，宇宙是分層次的。在他之後的佛陀說，宇宙分為三十三重天，一重天裏一個大千世界。佛陀說對了，其實不止三十三層，他說三十三層也是為了表述上的方便。宇宙沒有邊際，大到不可言說。蜉蝣的世界是一世界，爬蟲的世界是一世界，禽獸的世界是一世界，人的世界是一世界，神仙的世界是一世界。這是從大處劃分的。要是往細裏劃分，那世界就多得不可勝數了。幾千年後的科學家們知道，不僅宇宙天

道德經的智慧

022

外有天，其實宇宙還小到沒有內核。我們看到的物體是物體，高倍顯微鏡下看到的物體還是同一個物體嗎？換句話說，一根竹籤，一天對折一次，無限地分下去，一萬年也折不到盡頭的，這就是無限小的概念。

人因心靈而劃分，可以說一人一個世界。我看到的世界，你不一定能看得到；我領悟到的東西，你不一定能夠理解。所以說聖人都是孤獨的，無法與平凡的人交流。一旦到了能夠交流的時候，語言反而成了多餘的東西。這就好像情人之間那樣，不需要過多的話語，有時一個眼神就足夠了。

老子在這裏又一次重申了大道是一種中虛真空的境界，沒有任何東西可以主宰大道，因為它是沒有形狀、沒有表象的，它只存在於意識之中，它的運作是無邊無際、無窮無盡的。它孕育、滋養著宇宙間的一切，同時也擁有著支配和收容一切的力量。

我們至今還沒有發現大道的運作停止，也沒有發現它被撐滿，這是因為大道的本身就是無窮盡的。就像萬千江河流入大海，而大海永遠不見滿一般。因此，我們只能用有限的語言來描繪它的淵深和廣大，它囊括了宇宙間的一切；描繪它的悠遠和隱現，它無法看見卻真實的存在。

我們一直想給道一個確切的定義，然而無法做到，因為我們找不到它的來龍去脈；因為它本身就是根本。似乎在上帝之前就已經存在了；似乎可以得到一個證實，就是連萬能的上帝都是從它那裏產生的。雖然大道沒有形象、沒有人格、沒有意識，並且沒有人類所賦予的概念和範疇，但是它就是生成我們所有一切的力量本原。

我們可以說道什麼都不是，也可以說它是任何東西，它存在於真空境界。我們必須了解和認識它，只有這樣我們才能掌握它的規律，按它的變化發展而前進，當我們真的與它合而為一時，就能真正感受到生活的幸福與自在！

第五章　不如守中

天地不仁，以萬物為芻狗；
聖人不仁，以百姓為芻狗。
天地之間，其猶橐籥乎？虛而不淈，動而愈出。
多言數窮，不如守中。

天地不仁，	天地無所謂仁慈，
以萬物為芻狗。	對待萬物如同祭祀用的稻草狗一樣任其自然發展。
聖人不仁，	聖人無所謂仁慈，
以百姓為芻狗。	對待百姓如同祭祀用的稻草狗一樣任其自然發展。
天地之間，	天與地之間，
其猶橐籥乎？	它不就像個風箱的皮囊嗎？
虛而不淈，	空虛而沒有窮盡，
動而愈出。	愈鼓動風就愈多地生出。
多言數窮，	政令繁多反而加速滅亡，
不如守中。	不如保持在適中的狀態。

【智慧解析】

　　我們先來看看芻狗是什麼。芻狗就是用稻草紮成的狗，在古代用於祭祀。芻狗雖然是稻草紮成的，卻不能等同於稻草看待，它在祭祀時不可或缺。祭祀是件非常莊嚴神聖的事情，天界的神靈、逝去祖先的靈魂，都要蒞臨。人們看不見他們，他們卻看得見人。豈能不肅敬，不慎懼？稻草狗在這樣場合，還是稻草狗嗎？它已經成為一種象徵，一種儀式。祭祀過後，神靈已經走了，先祖的靈魂也已離去，這時候芻狗就恢復了稻草的本質。這時人們心理放鬆了，稻草狗倒了也可以不扶，大人孩子都可以在上面踩過去也無所謂，因為用不了多久，這些稻草狗就跟其他的稻草一樣成了灶底的草灰了。

　　天地間萬事萬物的衍生變化，雖然是不拘泥於任何形式的，似乎是無章法的，但是在這變化中卻有一種規律貫穿其間，讓我們能夠預知大方向。這一規律主宰著天地萬物，有理有據，有條不紊。

　　我們理解的天地就是大自然，從現在的科技力量來說，自然界的力量是無窮的，是無法控制的。而這種力量是沒有任何意識的，它沒有任何偏好，也沒有任何選擇。它所表現的一切，包括地球的形成、恐龍的滅絕、人類的產生，可以說都是一種必然之中的偶然。就像我們逐步知道了地球是圓的，知道了外太空存在著諸多星球，知道了地球運行的規律，知道了人類生老病死的客觀現象等等。

　　這種力量所產生的偶然性，是公平的、合理的，它對自己所創造的一切沒有珍惜與糟蹋的概念，它任由世間的一切生物依照自己的軌跡衍生變化、新生和滅亡，它賦予了萬物相對的自由，而它自己才能在自在無為中達到無所不為的境界。人類依照自己的意識給予它人格的確定，讚譽它的仁德和意志，其實它對世間的一切既沒有施加恩澤，也沒有強加干涉。也正因如此，萬物才真正按照自己的軌跡共同發展、繁衍；也

正因如此，世間的一切才真正體會到它所賦予的恩澤！

　　鳥兒在天空自由飛翔，它有可能死於天敵之口。然而人們把鳥兒抓來，養在籠子裏，每天按時供水，供食，甚至捉小蟲來給它吃。等到某一天放它出去，竟餓死在外面了。請問養鳥的人算是仁義的還是殘忍的呢？孩子生出來，哺育他。怕太陽曬著，怕風吹著。孩子長大了，應當讓他去自由闖蕩了吧？卻還是不放心，走遠路怕他累著，出遠門怕他被害了，只好讓他守在自己身邊，時刻監護著。結果孩子做事一無所成。請問這樣的父母是仁義的還是殘忍的？

　　還有一個人，在回家的路上剛好看到樹杈間的一隻小小的繭子上裂開了一個小口，他從來沒有看到過這番景象，於是停下來觀察。那是一隻蝴蝶的繭子，一隻新生的蝴蝶正在艱難地從那個小裂口中一點點地掙扎出來，很長時間過去了，蛻變似乎一點進展也沒有，看起來蝴蝶似乎已經是竭盡全力了……這個人實在替蝴蝶著急，決定幫一幫它。於是找來一把剪刀，小心翼翼地把繭子剪開，這樣小蝴蝶很容易就從繭子中掙脫出來。可是，它並沒有像這個幫助它的人想像的那樣展翅飛翔，而是身體萎縮，翅膀也緊緊地貼在身上。這個助人為樂者期待蝴蝶的翅膀伸展起來，成為一隻美麗的蝴蝶，然而，這一刻卻始終沒有出現。

　　這個好心的人並不知道，蝴蝶從繭子上的小裂口掙扎而出，是自然的規律，通過這一擠壓的過程才能將繭液從身體擠壓到翅膀上，只有這樣它才可能展翅飛翔。那你說，這個人是善意的還是惡意的？

　　世上的小事尚且分不清仁義還是非仁義，更何況聖人和天地呢。

　　那麼，鑒於天地的這種德行，聖人在治理天下、管理百姓時也應達到這種自在無為而無所不為的境界。對百姓既不強施仁愛；也不橫加干涉，在珍惜百姓的同時，給予他們相應的自由；教導他們按照正確的自然規律和自身的意識去生活和發展，這樣才不會破壞大自然的無為之道，百姓也會安貧樂道，天下也會太平祥和。但是，如果聖人沒有遵循

這種大道的無為，而是按自己的心願強行施加所謂的關心與幫助，讓一己私利變相地將自然規律破壞掉，就會產生事與願違的結果。因為在治理中強行將一切納入自己所規劃的看似理想的軌跡，就會不停地給予理念和概念上的束縛，從而導致正常的自然規律被破壞，使被管理者的正確意識、心靈被蒙蔽，得不到正常的宣洩與發展。積久成疾，終有一日會爆發，那時就到了無法挽回的地步了。

　　所以說，我們也應該像聖人一樣，有著天地一樣的胸懷，坦坦蕩蕩不置一物於心中，秉承自然規律，堅守中立，就能得到安穩昌隆！

第六章　穀神不死

穀神不死，是謂玄牝。
玄牝之門，是謂天地根。
綿綿若存，用之不勤。

穀神不死，　　　　　生天地養萬物的道是永恆長存的，
是謂玄牝。　　　　　這就是所說的孳生萬物的根源。
玄牝之門，　　　　　微妙的神母之門，
是謂天地根。　　　　就是被稱作天地化育的根源。
綿綿若存，　　　　　連綿不斷啊，它就是這樣地存在，
用之不勤。　　　　　使用起來無窮無盡。

【智慧解析】

　　我們經常在街上看到這樣的人，他們一副無所事事的模樣，雙手插在褲子口袋裏，東瞧瞧、西看看。他們的腦子裏想的絕不是有利於人類的問題，也不會考慮有價值的事情。因為在他們的心裏有一種欲望在作怪，這種欲望浮露在他們的臉上。或對一個好看的女孩多看幾眼，想入非非；或想著如何輕而易舉地撈到錢財。

　　其實，不只是他們是這樣的，現代人中的許多人都是這樣。被欲望驅使的人們，個個以酒色財氣為重，利欲薰心。只不過表現得越來越隱秘了，越來越會找一個很好的宣洩藉口了。不是有這樣的人嗎？硬是把為人民幣服務說成是為人民服務；把恨不得置之死地而後快的人說成是最要好的朋友；貪污被說成了勞苦功高應得的報酬；把利用公款的旅遊美其名曰考察學習……諸如此類，不足而一。難道這些人不是欲望的奴隸嗎？人們忘記了活著的根本原因，自覺不自覺地把生存的過程當成了生存的目的。

　　讓我們整天像架機器一樣不停地轉到頭昏腦脹的不是工作，而是自己的欲望。因此讓我們靜下心來，聽一聽老子在說些什麼。心不靜，聽不見老子的話。老子的話需要靜心養氣，用心靈的耳朵去聆聽，用心靈的感應去接納，用心靈的觸角去感悟。且讓我們坐好，兩腿雙盤，五心沖天，擯棄一切嘈雜、紛亂的東西，讓喧囂離我們越遠越好……也許你會聽到天際隱約傳來一個虛幻的聲音。是老子的聲音？還是天地本身發出的聲音？

　　大道的概念在這裏被作了進一步的闡釋。這裏所說的穀神並不是稻穀之神，穀是指山谷，用空空蕩蕩的山谷形容大道的虛無；神是指其孕育萬物的能力和不拘於形式的過程。因而是我們知道了大道的精髓就是延綿不息、永無止境。

對穀神的穀還有一種解釋，是指人吃的五穀，自然之神就是穀神。這位化生萬物的神是不死的，它永遠獨處於生死以外，就好像女性的生殖器一樣，宇宙本身以及宇宙的萬有都是它生化出的。

人類如果能夠了解道的真意，並依照道的規律去發展自身的優勢，那麼做起事來就容易得多了。大道無形，生育天地。無的狀態是無所不在、充盈於整個宇宙之中的。從無到有，再從有到無，往返不斷，生生不息。大道無名，孕育萬物。無的意思是不見蹤影，無可尋覓，從整體到零散，從零散到整體，所有變化都包含其中。而這一切的一切都是永遠不會枯竭和停止的，它沒有盡頭，也無從開始。大道就好像是一個根本性的東西，那麼，認識到根本之所在到底有多重要呢？

有一個因生重病而無法出門的人，每天躺在床上凝望窗外的天空。他不斷向家人抱怨說為什麼沒有一天是大晴天，為什麼天每天看上去總是灰濛濛的，為什麼他看不到湛藍的天空……一直抱怨了幾個月。一天他的朋友來看望他，這個人又向朋友抱怨起來。細心的朋友拿出一塊抹布，把病人家的窗戶玻璃上的污漬擦掉了，然後說：「你看，這下子天不就是湛藍的嗎？」

發現問題的本質所在，問題也就容易解決了。道就是一扇眾妙之門，讓我們找到這扇門，並從中找到解釋這一切變化的根本，也就達到了理氣合一的超凡境界，而這就是我們得以繁衍生息、持續發展的動力！

第七章　天長地久

天長地久。
天地之所以能長且久者，以其不自生，故能長生。
是以聖人後其身而身先，外其身而身存。
非以其無私邪？故能成其私。

天長地久。	天長生，地永久。
天地之所以能長且久者，	天地之所以能夠長生而且永久的原因，
以其不自生也，	是因為它們不是為了自己生存，
故能長生。	所以才能夠長生。
是以聖人後其身而身先，	因此聖人謙讓退身於後反而在眾人中領先，
外其身而身存。	置自身於度外反而保全自身生存。
非以其無私邪？	不正是因為他無私嗎？
故能成其私。	所以反而能夠成就他自身。

【智慧解析】

無論天與地是否有始有終，它們已經是我們所能看到的可以稱得上是「永恆」的事物了。所以有了「地老天荒」這個詞來形容亙古不變的事物。

老子認為，天地能夠長久不滅的原因，在於它們的一切都是自然存在的，是按照大道的規律運行的。但是人類卻按照自我的觀點及準則，來理解宇宙萬物的一切，並希望用我們的智慧去改變大道的自然形態。也就是說人類想要成為宇宙的主宰，支配萬物。因此，我們就給天地萬物加以命名，並賦予貴賤之分。這一切都是人類自私的意念，也是我們的主觀臆斷。

人為了達到自己的目的，往往不擇手段。欲擒故縱、圍魏救趙、過河拆橋、虛張聲勢、假話真說、真話假說、裝瘋賣傻、口蜜腹劍、退避三舍……三十六計、七十二招，無不用其極。而這種自私的觀點與做法導致我們無法認識大道的根本，也使我們否認自己對事物的認知是有片面性和局限性的，從而導致我們陷入虛假的旋渦而不自知。老子早就看到人性的可怕之處，所以他要求人們「絕聖棄智」。

聖人是天下最聰明的人，聰明的人從來不做自己不應該做的事。因為他知道，天地的管轄範圍已經夠寬廣了，然而天地卻從來不曾言語。天地雖然不言，卻不等於沒有威嚴。天地雖然不動，卻不等於沒有效果。天地無私，卻成就了天地的事業。執斧伐柯，其則不遠。現成的樣板聖人豈有不效法之理？

如果我們能明白這一點，就能確切地把握事物的真諦與本相，像有道的聖賢一樣遇事無私、謙退無爭，反而能在眾人之中表現出尊貴；將一切事物的發展變化都看成是自然而然的，不去加以干涉，就能立於不敗之地。

從前，有一個年輕的農夫與戀人約會，他是個性急的人，到約會地點太早，又不願意等待，心煩得無心觀賞周圍明媚的春色和誘人的花朵，乾脆躺在大樹底下長吁短歎。

忽然，他面前出現一個侏儒。「我知道你為什麼悶悶不樂。」侏儒說，「給你這顆鈕扣，把它縫在衣服上，當你遇到不得不等待的事情，只要把這個鈕扣向右一轉，你就能跳過時間，要多遠有多遠。」

這顆鈕扣的作用正合小夥子的心意。他拿著鈕扣，試著向右一轉，奇蹟果然發生，他的戀人出現在眼前。他非常高興，又心想：如果現在就舉行婚禮，那就更好了。於是，他又向右轉了一下鈕扣，奇蹟再次發生——他們正在舉行隆重的婚禮。他注視著新婚的妻子，心想：如果現在只有我們倆個人該多好。他就又悄悄轉了一下鈕扣，他和妻子立刻獨處在臥室之中。

後來，他心中的願望不斷出現：應該有房子；還缺幾個孩子；孩子應該長大一些……他總是迫不急待地將鈕扣一轉再轉，於是，生命就這樣從他身邊匆匆流過。在他還沒來得及品味人生，就已經老態龍鍾、行將就木了。

一味追逐欲望的滿足，莫不如順其自然的好。正如老子所說，天地長久……以其無私而成其私！

我們從天道之中推導出做人的準則。那麼何謂天道呢？就是天地萬物的自然規律。我們過去經常說天父地母，他們生養了萬物和人類，他們是永生不滅的。他們不僅生育了我們而且還會保佑和懲罰我們。是不是這樣的呢？可以說是，也可以說不是。說是，是因為天地確實是永生不滅的，當我們違反自然規律的時候，大自然就會給我們一定的回應。比如人類亂砍亂伐，導致自然生態被破壞，這就使我們居住的環境變得越來越惡劣，這就是自然對我們的懲罰。說不是，是因為天地是不可能有仁愛和恩義這種概念的，因為天地不是為自己而生存的，如果天地有

了仁愛、恩義的概念，它們也就有了人類的局限性和片面性，也就有了人類一樣的缺點和毛病，它們也就無法永存了。所以老子說，天道是無意識的，是不為自己生而生，也不為自己亡而亡的。因此也就沒有生死、貴賤、貧富等等概念，所以他能長久不朽。

天道如此，那人類要想永存，唯一的辦法就是遵循天道的根本，心底無私天地寬。也就是說，當我們在管理別人時，或是與他人相處時，總是像天道一樣，不想自己會有何好處，也不以貴賤高低論人處世，總是先人後己，無私而立天下。只有這樣才能真正得到他人的尊敬和眷顧，從而獲得最大的利益。正如有句話所說，你只有讓別人好好生存，你才能更好的生存！

我們由此可以肯定地說：一個人活在世上，不能以一己之心去衡量他人思想，也不能只關注自己而忘卻他人的存在，因為任何自私的行為都會最終導致滅亡。

第八章　上善若水

上善若水。
水善利萬物，而不爭；處眾人之所惡，故幾於道。
居善地，心善淵，與善仁，言善信，政善治，事善能，動善時。
夫唯不爭，故無尤。

上善若水。	最高層次的善就像水一樣。
水善利萬物，	水有利於萬物，
而不爭；	卻不和萬物相爭；
處眾人之所惡，	處在眾人都厭惡的低下的地方，
故幾於道。	所以最接近於「道」。
居善地，	居住在像水一樣順應自然的地方，
心善淵，	心胸像深淵一樣順應自然地保持平靜，
與善仁，	待人真誠仁義，
言善信，	說話像水一樣堵止開流，善於遵守信用，
政善治，	理政治國像水一樣，善於淨化污穢，
事善能，	處事像水一樣，隨物成形善於發揮才能，
動善時。	行動像水一樣涸溢隨時，自然順應天時。
夫唯不爭，	正是因為不與人爭，
故無尤。	所以不會招致怨恨。

【智慧解析】

　　水有形卻無狀，誰也不能說清水的形狀，我們把它放在不同的容器裏，它就有不同形狀。比如將它裝在圓形的容器裏，它就是圓的。它柔弱得好像沒有自己的性格，任誰都可以任意欺負它。壘個水壩攔它，它就靜止不動；用刀斧砍它，它也靜靜地承受，卻不受傷害；把它撒向空中，它就像珠子那樣圓潤地飄散開來；把它放進狹長的通道中，它就像蛇那樣滑行；它遇熱成氣，遇冷結冰，遇風起浪，遇水相融。河由它淌成，海由它匯成，井有水才是井，泉有水才是泉。誰都願意向高處走，唯有水，無論你把它提到多高的地方，它都往卑下之處流淌。

　　老子說，最完善的人所具備的上等的德行，就像水一樣。水的特點是能夠滋潤萬物，使它們盡情生長，而又不與萬物爭功奪利，始終保持著平靜。可以說是最溫柔、最善良的東西，它所具有的寬廣胸懷和毫無所求、甘居人下的德操，是最接近大道的本質的。這正是我們人類最應效法的德性。

　　在老子看來，水的行為方式也同樣值得我們學習，當它流動遇到阻礙時，它會迂迴百轉繼續前進，這就是曲則全，也是謙虛容忍的美德。而這種美德也與大道的柔軟特性最為接近。我們應學習水的這種與世無爭的寬容，學習水這種滋潤萬物而不圖回報、功成而不居傲的謙虛品德。而這也正是大道的德操。這與許多人在取得成就時，只知道誇耀自己的努力及運氣是多什麼的不同啊。

　　南隱是日本明治時代的一位著名禪師。有一天，一位自大得出名的大學教授特意來向他「請教」禪學問題，名為請教，實為借機自吹。南隱禪師當然知道教授的來意，不過還是以茶相待。他把茶水注入這位教授的茶杯中，杯中的水很快就滿了，他卻沒有停手，仍繼續往裏倒。那位教授眼睜睜地看著茶水不停地從杯中溢出來，覺得不能再沉默下去

了，終於說道：「不要再倒了！水已經滿出來了！」南隱禪師聽了，不再注水了。「你就像這只杯子一樣，」他對教授說，「裏面已經裝滿了自己的看法和想法。你不先把杯子裏的水倒空，叫我如何對你說禪呢？」

　　的確，心中已經裝滿「自我」兩個字，哪裏還學得了水的德行！我們更可以在歷史的長河中，看到有多少人因恃才傲物、居功不遜、不能寬待他人而招致殺身之禍，或是自取滅亡的。漢初名將韓信，居功自傲，不懂得謙虛謹慎，最終落得木劍穿心。明朝大太監魏忠賢不也是因為恃寵傲慢，遭天妒人怨，落得個身首異處、千刀萬剮。三國時期的張飛，經常體罰下屬，後因關羽的亡故，又以暴政對待下屬，結果遭到殺身之禍。

　　如果我們想體會大道的精髓，使自己形成最完善的人格，幫助自己走上正確的人生軌道，從而使自己的為人處世達到最和諧的境界，我們就要擁有像水一樣的品行。真心實意地幫助別人而不圖回報；避免針鋒相對的矛盾衝突；不去爭奪一時的利益得失；面對困境依然堅持；願做人們所嫌棄的苦差事；取得成績時，不搶功自傲，謙虛禮讓。唯有如此，才會與大道相一致，不會遭到他人的攻擊而增加自己的煩惱與痛苦，會得到人們的讚揚和認同，使自己生活得更快樂逍遙。

　　老子在《道德經》的五千言中多次提到水，他把水作為人格的最高顯示。人與人交往接觸，很像水與水的交融，嫉妒心、猜疑心、貪心、殺心、戒備心都會攪渾了清水。所以老子諄諄教誨我們，言談要像水那樣，循循善誘、平和清靜、以誠感人；施政要像水那樣，甘居低下，走到人心的深處，從而得人心。

　　孔子曾經說：仁者樂山，智者樂水。只有有智慧的人，才能了解到水柔靜的真意，才能體會到水謙卑的本質，才能懂得奉獻不爭的深刻。希望我們都能擁有這樣的智慧！

第九章　功成身退

持而盈之，不如其已。揣而銳之，不可長保。
金玉滿堂，莫之能守。富貴而驕，自貽其咎。
功成名遂身退，天之道。

持而盈之，	把持積累而達到滿盈，
不如其已。	不如適可而止。
揣而銳之，	打磨而使之尖銳，
不可長保。	銳利也不可能保持長久。
金玉滿堂，	金玉滿堂，
莫之能守。	不可能長期守住。
富貴而驕，	富貴而驕縱，
自貽其咎。	是自己給自己帶來災害。
功成名遂身退，	成功了就退身於後，
天之道。	是自然運行的規律。

【智慧解析】

一只已經裝滿水的杯子，肯定不能再往裏加水了，因為再加水就會溢出來；一根完全拉展的皮筋，絕對不可以再繼續拉了，再拉就會繃斷。這種滿盈緊繃的道理其實所有的人都明白。但是我們一旦將這種現象與克制我們的欲望聯繫起來，就不是每個人都能看清楚、想明白、做得到的了。

俗話說，欲海難填。為什麼？因為人心貪得無厭。

我們都見過賭徒在賭場中的情景，贏的人固然開懷大笑，輸的人亦是頓足捶胸，但是不管是輸是贏，總之沒有誰願意輕易地離開。因為贏的人想贏的更多，輸的人想翻回本錢。最後贏的仍會輸光，輸的只會輸得更慘。

早在秦朝，宰相李斯可以說是聲名赫赫、不可一世。直到後來，他成了階下囚，臨行刑的時候，他對他的小兒子說：「我跟你還能夠牽著咱們那條捲尾巴的黃狗，穿過上蔡縣城的東門，到山上去追獵野兔嗎？」這正是一個「持之盈之」者，對於平靜恬淡的生活重新渴望的真實寫照。然而，此時才想到返樸歸真，為時晚矣！一部《紅樓夢》，寫的就是一個金玉滿堂的大家族，從有到無、由滿至損的變化過程。

「千古一帝」秦始皇，橫掃六國一統江山，天下財富皆歸於他，如果按照老子的觀點，他應當「功成名遂身退」了。然而，這位始皇帝卻偏偏沒有滿足。為了自己的奢欲，他在首都附近大興土木，製造阿房宮，修造驪山墓，所耗民夫竟達七十萬人以上。據記載，阿房宮的前殿東西寬達七百多公尺，南北約一百一十五公尺。殿門用磁石砌成，目的是防止來人帶兵器行刺秦始皇。除此以外，秦始皇單在咸陽周圍就建宮殿二百七十多座，在關外的行宮竟有四百多座，關內有三百多座。

修建這樣龐大的工程自然需要大量的勞力、物力、財力。據估算，

當時服兵役的人數遠遠超過二百萬，佔當時壯年男子人數的三分之一以上。龐大的工程開支加上龐大的軍費開支，造成了「男子力耕，不足糧餉，女子紡織，不足衣服，竭天下之資財以奉其政」的悲慘局面。民不聊生，百姓們過著「衣牛馬之衣，食犬口之食」的痛苦生活。最終，他的萬世皇帝夢只維持了短短十五年。

　　從古至今，人莫不愛財慕富、貪愛榮華，可是有誰能夠把金銀珠寶永久地保存在自己手中呢？無論是權傾天下的王公貴族，抑或是君臨天下的帝王，都不能夠做到。他們把自己與珠寶埋葬在一起，並設計了各種機關，以為可以永久享受。其結果卻是珍寶被偷盜一空，甚至屍骨也被棄之荒野。錢財權勢永遠是流轉的，它不會是某個人的私屬品，沒有誰能夠長久獨佔。如果我們的品行道德能夠與財富與權勢相得益彰的話，才算是擁有天大的財富。

　　老子在此告訴我們，剛的反面是柔，唯有柔能夠克剛；強的反面是弱，唯有弱能夠勝強。所以他說，太滿就要溢，太尖就會斷。將滿的容器，就不要再添，已經很鋒利的銳器，就不要再打磨了。功遂身退，老子說這是最好的保存自己的辦法。老子不是讓你遁世深山，而是讓你有了功不居功，有了名不恃名。任何時候，都不要失了你人的本性——大道的自然之性！

第十章　專氣致柔

載營魄抱一，能無離？
專氣致柔，能嬰兒？
滌除玄覽，能無疵？
愛民治國，能無知？
天門開闔，能無雌？
明白四達，能無知？
生之畜之，生而不有，為而不恃，長而不宰，是謂玄德。

載營魄抱一，	精神與形體合一，
能無離？	能夠不分離嗎？
專氣致柔，	團聚精氣達到柔順，
能嬰兒？	能像嬰兒那樣嗎？
滌除玄覽，	洗清雜念的心靈，
能無疵？	能沒有一點缺點嗎？
愛民治國，	懷愛百姓治理國家，
能無知？	能不用聰明才智自然無為嗎？
天門開闔，	人的感官與外界接觸，
能無雌？	能夠做到寧靜柔弱嗎？
明白四達，	明白事理通達四方，
能無知？	能夠不依賴智慧嗎？
生之畜之，	生長養育萬物，
生而不有，	生長萬物而不佔有，
為而不恃，	為萬物提供幫助而不居功，
長而不宰，	滋養萬物而不主宰，
是謂玄德。	這就叫作自然無為最深的德性。

【智慧解析】

　　莊子曾經講過一個寓言，南海的帝王名叫儵，北海的帝王名叫忽，中央的帝王名叫混沌。儵和忽經常到混沌這裏來作客，混沌待他們不錯。為了報答混沌，儵和忽想給混沌鑿開七竅。因為混沌沒有七竅。於是他們開始給混沌鑿七竅，一天鑿一竅，這樣鑿了七天，七竅成了，混沌也因此死了。

　　有了七竅還叫什麼混沌？混沌狀態其實就是體道者的最好狀態。莊子是在用寓言來講求道的真理。混沌不是沒七竅，而是有而不用。有目不視，有耳不聞，有鼻不嗅，有口不嘗，有意不去分辨。恍恍惚惚、混混沌沌、朦朦朧朧，身與神合，神與天地合，沿著大道，回到清清靜靜的故鄉。這正好比老子所推崇的大道德行。

　　人類有一個最大的特點，就是擁有自己的精神與意志，人類利用自己的精神和意志去思考和判斷，來理解世界。而這也就有了靈魂的特性。人的好壞不在於他的外表，而在於他的靈魂的高貴或低賤。有的人外表很好看，但是靈魂骯髒，有的人長得雖然醜，但靈魂卻很潔淨。長得又漂亮，靈魂又潔淨的人真是難得。與人交往久了，我們都會有這樣的經驗，朋友的音容笑貌永生難忘，不是因為他長得好看，而是因為他人好。仇敵的樣子也許非常漂亮，可是，我們想起來就恨得不得了。靈魂是本質的東西，容貌只是裝飾。內在品質和外在包裝統一了好不好？好！但是，是否能像想像中那麼容易呢？

　　老子說的「營魄抱一，能無離」，指的不是靈魂和肉體的搭配問題，老子看人不注意外表。老子說的是，你的靈魂跟你的肉體是不是經常在一起？

　　其實，我們經常由於自身認識的局限性和片面性，導致很多錯誤與失敗，甚至造成無法挽回的損失，給自己帶來了痛苦和懊悔。這是什麼

原因呢？人們常說：心有餘而力不足；或是力有餘而心不足。這就是因為人類的靈魂和肉體經常是不在一起的，它們大多數時間處於分離狀態。我們的靈魂經常想達到一個很高的程度，但我們的肉體卻無法承擔，我們的萬丈雄心經常在殘酷的現實中表現得極其脆弱。這正是人類最大的煩惱，它帶給我們心理與生理的失調。而這一點很奇怪，在天地萬物間只有人類有這樣的痛苦，其他的動植物卻不存在這樣的失調現象。這是因為其他萬物的生長都是依靠自然法則的，一切沿著大道的方向前進。就此我們可以理解為它們的靈魂和肉體是同一的，是經常在一起的，它們不會對任何事情進行意識判斷，因此也不為任何事情的發展所左右。

那麼我們有沒有靈魂和肉體合而為一的時候呢？當然有，那就是嬰兒時期。那個時候我們初臨世間，萬事皆清，正是處在混沌的狀態。感覺不到任何人為的不愉快，也不會有意識地判斷事物的發展情況，只是順應自然，當然就不會有煩惱與痛苦。然而當我們長大成人的時候，隨著閱歷的增加、智慧的開啟，對待事物的看法就加入了主觀認識，就沒有了嬰兒時期的混沌和無憂，靈魂和肉體的剝離，也就沒有了初臨世間的簡單與清純。所以老子說「專氣至柔，能嬰兒？」

有一位老和尚身邊聚集著許多虔誠的弟子。一天，他囑咐弟子們每人去南山打一擔柴回來。可是，當弟子們匆匆行至離南山不遠的河邊時，正好趕上山上的洪水一瀉而下，看來無論怎樣也不可能渡過河打柴了。大家在束手無策之下只能無功而返了。回到寺裏，弟子們幾乎都垂頭喪氣的，只有一個小和尚與師傅坦然相對。師傅便問起其中的原因，小和尚從懷中掏出一個蘋果，遞給師傅說：「過不了河，打不到柴，那也沒有辦法。不過，我看見河邊有棵蘋果樹，就順手把樹上的一個蘋果摘回來了，請師傅吃吧。」後來，這位小和尚就成了師傅的衣缽傳人。

見到蘋果就想到它的香甜，是人的自然本性，合乎大道；因洪水擋

住去路延誤師父的要求，只想到師父的責備，是人主觀自加的煩惱。小和尚選擇前者，自然如嬰兒一般的平和快樂。

如何才能做到單純與潔淨呢？神秀和尚說得好，「身是菩提樹，心如明鏡台，時時勤拂拭，莫使惹塵埃。」換句話說，把人心比作一面鏡子，不能讓它有半點的灰塵和瑕疵。這正是所謂的滌除玄覽，是謂玄德。

第十一章　無之為用

三十輻共一轂，當其無，有車之用。
埏埴以為器，當其無，有器之用。
鑿戶牖以為室，當其無，有室之用。
故有之以為利，無之以為用。

三十輻共一轂，　　　　三十根輻條集中在車轂的周圍，
當其無，　　　　　　　正是由於它們拱起一個空殼，
有車之用也。　　　　　所以才成就車的用處啊。
埏埴以為器，　　　　　烘燒黏土製作器皿，
當其無，　　　　　　　正是由於它的中心是空的，
有器之用。　　　　　　所以才有容器的作用。
鑿戶牖以為室，　　　　開鑿門窗建造房屋，
當其無，　　　　　　　正是由於它的中間是空的，
有室之用。　　　　　　所以才有了房屋的用處。
故有之以為利，　　　　總之「有」可以對人們有利，
無之以為用。　　　　　「無」也可以被人們利用。

【智慧解析】

　　古代的車轂轆有三十根車條支撐，而車的轂轆中間有一個空當，是用來連接在車軸上的，而車軸是與車身相連接的，如果沒有這個空當，也就沒有車可以用了。用黏土燒製成的器具，中間也是空的，不然就無法用來盛物品了。而我們建造的帶窗戶和門的房屋，裏面也有相應的空間，如果沒有，我們如何生活在裏面呢？

　　世上所有的事物，好像都是以「有」的形式存在著的。我們都見過「有」，可是有誰見過「無」呢？然而老子卻通過上面的例子，發現了「有」和「無」之間的微妙關係。它們是相輔相成的，是矛盾統一的。「有」的另一面是「無」，而「無」的另一面是「有」，「有」離不開「無」，「無」也離不開「有」。世上的事物就是這樣從無到有，又從有到無存在著的。這就好像書法一樣，蔣驥在《續書法論》中說，「運實為虛，實處俱靈；以虛為實，斷外俱虛」。實與虛就好比有與無，成就了書法的意境。

　　人類為了弄清楚、把握住繁雜多樣的事物，不僅給各種各樣的事物起了名字，而且還會從顏色、形狀、體積、面積、重量、品質、數量等方面來區分。比如我們看見一隻貓，知道有貓的存在，並且根據它的叫聲給它起了名字，而且發現有不同種類的貓，於是又根據它們的外型和顏色加以細分。如白貓、黑貓、花貓，虎斑貓、折耳貓等等。貓是這樣，其他物種也是如此。我們看到花朵，就給花朵起了名字，為的是識別它們、記住它們，也為它們起了很多與它們的顏色、外型等相適應的名字。從不同的角度認識事物，是人類的一大發明，有了這樣的經驗我們就可以舉一反三，由此推論出世界上其他的事物。這是從無到有。

　　然而，「無」的東西好像是沒法見到，更無法把握。形形色色的人，我們都見過了，而人類信奉的各種各樣鬼神，就沒有人見到過。廟宇中、畫卷裏的那些神鬼的模樣都是按照人的模樣想像出來的，真正的

鬼神是什麼樣子，凡人是不可能見過的。那麼這種無是如何轉變為有的呢？是由我們的生活中加以想像得來的，是將我們的生活外延擴充，假設了天上也有一個世界，也有一個皇帝，天上也有花草樹木，馬匹、牛、犬，只不過比人類多了一些法力罷了。其實現實生活中並沒有他們的存在。而這又是從有到無了。

現在，隨著科學技術的發達，我們原先看不到的、不知道的，都可以通過科學技術看到和了解。比如電的發現，分子、原子的發現……這些以前我們沒見過的，不知道的，現在我們發現了它們，了解了它們。這也是從無到有，而人類眾多的知識與財富就是如此得到的。

記得《百喻經》中有這樣一個禪宗的故事：一個叫靈佑的和尚跟隨百丈禪師學禪，有一天，他來到正在打坐的百丈禪師身邊。禪師問：「誰？」靈佑答：「我。」禪師說：「你看看爐中還有火嗎？」靈佑看了看說：「沒有。」百丈禪師站起身，走到爐子邊，在爐灰深處撥出幾粒火炭。他夾起來給靈佑看：「你說沒有，這是什麼？」靈佑一下子悟了道。

只知道明處的「有」，而無法知道暗處的「無」的人，又怎能了解到「無」的偉大用處呢？這不正是告訴了我們在人際交往中，不要被事物的表面現象所迷惑；在管理中更是不能只看到「有」，而忽略了「無」的存在和作用。只有兩樣都了解，並且都採納的人，才能在人生和事業上立於不敗之地！

推而廣之，把「無」的東西硬當作是「有」，為它煩惱，為它生出惡念，也是相當愚蠢的。

從前有兩個窮人，因為欠下了不少外債，便商量好趁著天黑逃跑。逃跑途中坐在路邊休息時，其中一個人說：「唉，你說，如果咱們這麼走著走著忽然撿到一大筆錢的話應該怎麼分呢？」

另外一個人說道：「如果撿到那麼多錢的話，當然是見面分一半，你應該給我分一半。」

提出問題的那個人說：「你想得倒是不錯。那可不行。錢這東西，誰撿到了就是誰的，憑什麼分給你一半？」

　　另外一個人生氣了，叫道：「什麼？咱們一起趕路，撿到了錢當然是一人一半了，難道你還想獨吞不成？想不到你居然是這種貪財之人，太不夠朋友了！」他越說越激動。

　　提出問題的人也急了，嚷道：「你憑什麼罵我呀？你算是什麼東西？」

　　就這樣兩個人越吵越激動，越吵越生氣，最後終於扭打起來了。

　　這時，正好有一個人從他們身邊經過，看到這兩個人大打出手，便過來勸解道：「喂！你們這是幹什麼呀？究竟為了什麼打成這樣呢？」

　　兩個人中的一個人說道：「正好請你來評一評理，我們兩個人一起出門，這個傢伙撿了錢卻不肯分給我，想要獨吞。」另一個人也不示弱地說：「對，請你評一評理，我撿到的錢當然是我的，這個小子憑什麼要分一半，太無恥了吧。」

　　勸架的人說：「你們都別激動，讓我給你們調解調解。你們先告訴我，到底撿了多少錢呢？」

　　聽了這個問題，那兩個打架的人都傻了眼，他們異口同聲地說：「還沒有撿到呢。」勸架的人聞言不禁哈哈大笑，說道：「你們為本來沒有的東西打起來，這又何苦呢？」

　　話又說回來了，即使真的撿到了錢，也不必為這種本質為「無」的身外之物而煩惱吧。

　　世界上發生過很多為了奪取「有」的戰爭。比如爭奪土地、爭奪財富。土地和財富固然有用，然而人們有沒有想到過，這種「有」是從何處來的？沒錯，是從「無」中來的。「無」相當於老子說的「玄牝」，也相當於佛家講的「虛空」。所以這些「有」終將歸於虛空，那麼為了它而起爭執，弄得兩敗俱傷，值得嗎？

第十二章　去波取此

五色令人目盲；
五音令人耳聾；
五味令人口爽；
馳騁畋獵令人心發狂；
難得之貨令人行妨。
是以聖人為腹不為目，故去彼取此。

五色使人目盲，	色彩繽紛使人眼花繚亂，
五音使人耳聾。	過多的音樂喧囂令人耳音難辨。
五味使人口爽，	過多的美味佳肴令人口味難分，
馳騁畋獵令人心發狂，	騎馬奔馳野外遊獵使人心發狂。
難得之貨令人行妨，	稀有難得的奇珍異寶誘使人的行為有差失，
是以聖人為腹不為目，	所以聖人是注重充實內在而不追求聲色悅目。
故去彼取此。	因此應當捨棄美好的虛名而保持安足的生活。

【智慧解析】

在佛教中有一部經叫《般若般羅密多心經》。經文中提到了人類的六感，就是眼、耳、鼻、舌、身、意。這六種感覺分別感知著世界上的六種境界是色、香、聲、味、觸、法。正因為感知了這六種境界，使人類有了喜、怒、哀、樂、思、憂六種意識。而正是這些意識使我們的心靈產生了欲望，蒙上了塵垢，讓我們無法真正了解和明白世間的繁雜。有敏銳的感覺並不是壞事，但是我們無法控制和把握在與外界接觸時，不斷滋生和增長的貪婪欲望，這就使我們的感覺變得遲鈍而無意義！

上天賦予我們眼睛就是用來看東西的；賦予我們耳朵就是用來聽聲音的；賦予我們口舌就是用來吃食物的；賦予我們意識就是用來體會的。當然好看的色彩誰都願意看！好聽的音樂誰都願意聽！好吃的東西誰都願意吃？好玩遊戲誰都願意玩！但是這裏卻有一個如何取捨的問題。老子主張真樸、無欲、貴儉。人為物欲所化，以致斫傷身心者，歷史可以提供無以計數的例證。

我們走到街上，會看到眾多的女士，穿著色彩鮮豔的服裝，臉上也是濃妝淡抹相得益彰，各式的髮型彰顯著個性，走起路來扭動著動人的腰身，體現著不同的氣質，可謂是爭芳鬥豔，令人眼花繚亂。女士們之所以費盡心機地裝扮自己，是因為有人喜歡看，也為了取悅自己和他人。如果不是這樣，她們們的打扮就毫無意義。女士們如此，男士們也是如此。而其他的物品，如汽車、房屋、家具、廣告牌子等等亦是如此，都是色彩繽紛。

人是色彩豐富的人，物是色彩豐富的物，整個世界都充斥著豐富的色彩。色彩越豐富就越顯示著人類社會的進步，是色彩代表著人類的主宰地位。當然除了人為的色彩，大自然中眾多的動植物也都有著各自豐富的色彩。如花朵都是鮮豔的，如果不鮮豔，那就肯定香氣濃郁。花朵

在招惹誰？招惹蜂和蝶，招惹蟲和蟻，讓它們來為它授粉。可見蜂蝶之類的動物也和人一樣喜歡好看的東西。能夠食用的蘑菇，它的外表並不漂亮，而漂亮的蘑菇卻因其有毒而不能食用。美麗的本身就是一種誘惑，它像陷阱一樣，一旦你踏進去，就會發現它真實目的。

古往今來有多少英雄被美色所誘惑，導致失敗，甚至亡國亡民，悲慘地死去。有多少大丈夫拜倒在女人的石榴裙下，結果沉浸在溫柔鄉中不能自拔，喪失鬥志和理想。腐敗及墮落的種子總是從耀眼的色彩中開始發芽生根。美女、金錢、權利無不是色彩豐富的光環，無不是我們所嚮往和拼命追求的。然而追求到「發狂」的地步時，就必然「行妨」。就好像是離太陽越近，就越發的灼熱，甚至會被燒死。

懂得五色令人眼盲的道理，五音令人耳聾的道理就容易理解了。

我們經常聽到一種說法是：靡靡之音，令人醉。而現在的一些音樂它們所呈現的那種力量，絕對可以讓你在那種震撼的響聲中，或是在那種柔柔的纏綿中忘掉自己的存在。現在很多年輕人，他們的身體中充斥著音符，他們的骨髓中激盪著樂曲，他們的耳朵已聽不到其他的聲音了。也就在他們因迷戀五音而不能自拔的時候，他們的靈魂亦隨著他們所迷戀的樂曲而破碎了。這就是老子所說的五音令人耳聾。

同樣的道理，我們人類的口舌具有品嘗和鑒賞味道的能力，好吃的就多吃幾口，不好吃的就少吃幾口，甚至不吃，這就養成了我們口舌的貪欲。我們為了滿足這種貪欲，該吃的、不該吃的，都吃了，而且是變著花樣吃，其結果不僅導致生態環境被破壞，也使我們自己染上了各種各樣的疾病。這就像我們做菜一樣，如果甜、酸、苦、辣、鹹搭配得宜，吃到嘴裏才會感到舒適，一旦搭配不好，我們不僅不會有舒適的感覺，甚至會感覺難受。正如味精是五味的精華，適當地使用，會起調味的作用，而用量過度不但味道被破壞了，還會導致疾病。在這方面，年邁的英國女王伊麗莎白起了表率作用。按理說，以女王的身分，想吃什

麼實現不了呢？然而，她的每餐都吃得很簡單，甚至每周故意少吃幾餐。這也是她長壽的原因之一。

　　從上述來看，不管是五色、五音還是五味，之所以會帶給我們傷害，都是因為我們的欲望在無限制地膨脹。老子主張的是保持一種屬於自我的內在的安靜恬淡的生活，放棄追逐遠離自我的、外在的、聲色犬馬的物欲生活。如果我們能控制欲望，甚至消滅它，就不會被這些外在的東西輕易傷害到，我們也就是一個能真正享受快樂、享受自由的人！而且還能得到真正的完善和平安！

　　由此而見，真實的享受是有理性、有節制的，是有正確取向的，是放棄虛假的享樂和愚蠢的放縱，回歸自然、順其正道的寧靜！

第十三章　寵辱若驚

寵辱若驚，貴大患若身。
何謂寵辱若驚？辱為下，得之若驚，失之若驚，是謂寵辱若驚。
何謂貴大患若身？吾所以有大患者，為吾有身，及吾無身，吾有何患！
故貴以身為天下，則可寄於天下；愛以身為天下者，乃可以托於天下。

寵辱若驚，	受到尊寵或污辱都感到擔驚受怕，
貴大患若身。	重視大的憂患就像重視自身一樣。
何謂寵辱若驚？	為什麼說受到尊寵或污辱都感到驚恐呢？
辱為下，	因為被尊寵的人處在低下的地位，
得之若驚，	得到尊寵感到驚恐，
失之若驚，	失去尊寵感到驚恐，
是謂寵辱若驚。	這就叫作寵辱若驚。
何謂貴大患若身？	什麼叫作重視大的憂患就像重視自身一樣？
吾所以有大患者，	我之所以有大的憂患，
為吾有身，	是因為我有這個身體，
及吾無身，	等到我沒有這個身體時，
吾有何患！	我還有什麼禍患呢！
故貴以身為天下，	所以崇尚獻身於治理天下的人，
則可寄於天下；	那才可以將天下寄託給他，
愛以身為天下者，	像愛自己身體一樣治理天下的人，
乃可以托於天下。	才可以將天下託付給他。

【智慧解析】

在當今的社會中，我們會有很多機會與寵、辱相遇，這種寵辱也許是我們自身親受的，也許是從他人身上感覺到的。比如當我們在工作中取得了一些成績，受到了主管的獎勵，這就是得到寵，我們就有可能欣欣然喜上眉梢；而當我們因失誤而遭到上司批評時，就是得到辱，我們有可能會垂頭喪氣。不管是受到了寵還是辱，我們都會有所驚厥。當然，人人都希望得到寵，得到他人的關注、珍惜和疼愛。但是從另外的一個角度來講，被他人關注和憐愛，受到他人的恩寵，無疑是告訴自己不如他人，會有一種被當作寵物的感覺，會有一種低人一等的感覺。

在當今的社會機制中，競爭是必不可少的，因此人們為了能使自己更優越一些，為了能使自己的目的盡快達成，就不擇手段地去博得上司的歡心，得到上司的寵愛。而一旦得到了上司的恩典，便會有一種說不出的幸運感，感到意外和驚喜；但同時又怕失去這種恩寵，就更加小心謹慎、誠惶誠恐地去待人、做事，以求博得更多、更長久的恩寵。比如上司在我們的肩上輕輕拍了幾下子，這就是一種榮寵。而上司讓我們與他共進午餐，並說下次到你家裏去坐坐，這就是更大的榮幸。而當上司說：「這個人我看不錯，很有頭腦嘛。」那麼這個人就該明白，天上的餡餅正像飛碟那樣圍著他轉呢。

正是如此，人們為了得到上級的恩寵，就會想盡方法向上級獻媚，結果是失去了更多的自我。如果失去了這種恩寵，或是遭受到侮辱，人們則會感到楣運的降臨，感到失落和沮喪，從而害怕更大的不幸會來臨，也就越發的驚恐。比如有的人在公司受了氣回家之後打老婆。還有的在老婆那裏受了氣到了公司訓屬下。沒有老婆可辱，沒有屬下可訓，有的人就拿自己出氣，人們為了求得心理上的平衡會按照等級、地位、輩分等等，一級級地羞辱下去，其結果就是造成更大的災難和不幸，最

終無法找到真正的自我。

這也就是為什麼老子會說「寵辱若驚」的緣故，因為我們跟上級不是對等的，他人在上，而我們在下。寵和辱都是他人的賞賜。讓我們寵，還是讓我們辱，全由著他人的性子來。在封建社會，寵辱有時就在一剎那，或加官晉爵，或滿門抄斬。而在當今社會，寵辱實際上只在我們的一念之中。無論是寵還是辱，都是因為有了得失的概念才造成的，如果我們心理沒有寵辱的差別，也就不會因此而感到驚恐，自然就不會受到他人的擺布和左右了，也不會因為去求一時的名利獎賞，而產生貪欲，使自己掉到他人的圈套中。

安徒生講過這樣一則故事：村子裏有一對清貧的老夫婦，他們家裏唯一值錢的東西就是一匹馬。有一天，他們兩人商量後決定把馬牽到集市上換一些更有用的東西回來，於是老頭兒便出門了。到了集市上，老頭兒想給老太婆帶回去一個驚喜：他先用馬換來了一頭母牛，後來又用母牛換了一隻羊，接著又把羊換成了一隻肥鵝，然後又用肥鵝換了一隻母雞，最後他用母雞換了一口袋爛蘋果。

在回家的路上，老頭兒到一家酒館裏休息，遇到了兩個英國人，他們聽了老頭兒換東西的經過後哈哈大笑，認為他回家後一定會被老太婆臭罵一頓。老頭兒堅信自己不會挨罵，於是兩個英國人就用一袋金幣與老頭兒打賭。

老頭兒回到家，老太婆非常高興，她興奮地聽老頭兒講述他在集市上的換東西的經過。老頭兒說自己用馬換了一頭母牛，老太婆說：「太好了，我們有牛奶喝了。」老頭兒接著說他把母牛換成了羊，老太婆說：「哦，羊奶也同樣好喝。」老頭兒又說他用羊換了一隻肥鵝，老太婆說：「天啊！鵝毛很漂亮。」老頭兒說他後來又把鵝換成了一隻雞，老太婆說：「從今往後我們有雞蛋吃了。」最後老頭兒指著地上的一口袋爛蘋果說，他又把雞換成了這袋爛蘋果，老太婆一點生氣的意思都沒

有，她說：「我們今晚就吃蘋果餡餅吧。」就這樣，在門外偷聽的兩個英國人輸掉了一袋金幣。

寵與辱就像事情的好與壞一般，在這個故事中，事情的好與壞決定於你對它的看法。其實生活的本質非常簡單，當事情是「乳牛」的時候，就按照對待乳牛的方法對待它；當事情是「爛蘋果」的時候，就把它當作爛蘋果來對待。

不願意讓自己遭到禍患，也不願意讓自己的身體遭受到絲毫的委屈，更不願意以生命去冒險是人知常性。那麼為什麼老子要說「吾所以有大患者，為吾有身，及吾無身，吾有何患」。不是說要你捨去生命，而是說，如果一個人萬分珍惜和重視自己的身體，把與所謂的自己有關的事情或者利益看得太重，就會過分在意身體上的痛苦、心靈上的傷害、利益上的得失，不僅無法託付大任於這樣的人，他本人也會在煩惱中煎熬。

冒險之後的災禍感、拼搏之後的得失感，都是因為對自己太在意而產生的。只要我們能與大道一致，只要我們能順應自然，不單純地去為了滿足身體而作為，就可以超越身體所給我們帶來的煩惱和麻煩。當我們沒有「身體」這個概念的時候，我們就能全心全意地去工作，而不會有心思去算計和爭奪。

我們最後應明確這樣一個事實，世上的每個人都有自己的身體，都會為此而打拼，因此世界就像一個大戰場，在這個戰場中有失有得，變化無常，只有懷著一顆平常之心，得到而不驚喜，失去而不恐懼，將自己置身於這個戰場之外的人，才是真正的主宰者。

第十四章　無象之象

視之不見，名曰夷；聽之不聞，名曰希；搏之不得，名曰微。
此三者不可致詰，故混而為一。
其上不皦，其下不昧。繩繩不可名，復歸於無物。
是謂無狀之狀，無物之象，是為恍惚。
迎之不見其首，隨之不見其後。
執古之道，以御今之有，以知古始，是謂道紀。

視之不見，	看它而看不見，
名曰夷；	稱呼它為「夷」。
聽之不聞，	聽它而聽不到，
名曰希；	稱呼它為「希」。
搏之不得，	捉摸它而捉摸不到，
名曰微。	稱呼它為「微」。
此三者不可致詰，	這三種現象難以窮究，
故混而為一。	因此混合而為「一」。
其上不皦，	它形而上的一面不顯光明，
其下不昧。	它形而下的一面不顯陰暗。
繩繩不可名，	連綿不斷難以形容命名，
復歸於無物。	回復歸於沒有物體的虛無狀態。
是謂無狀之狀，	這就叫作沒有形狀的形狀，
無物之象。	沒有具體物象的物象。
是為恍惚。	這就叫作「恍惚」。
迎之不見其首，	向前迎上去見不到它的頭。
隨之不見其後。	隨後追上去見不到它的尾，
執古之道，	把握亙古長存的「道」，
以御今之有，	用它來駕馭現存的事物，
以知古始，	用它來瞭解遠古的起源，
是謂道紀。	這就叫作「道」的規律。

【智慧解析】

在上一章中，老子闡述了做人治國的一個根本道理，淡泊名利、放棄私利、珍惜所擁有的一切，才正是大道之本。那麼大道是以何種方式來表現它的存在的呢？在這裏老子把大道的形象和規律告訴了我們。

我們用眼睛去看而看不到的東西，不能否認它的存在。諸如你站在平原上極目遠眺，看到的只是地平線，而地平線那邊的景物是看不到的；又比如在沒有任何儀器的輔助下，也看不到細菌的活動，然而細菌卻是實實在在地存在的。這些用眼睛無法看到的東西稱之為「夷」。夷是平和白的，在你的眼前一片平白，你自然不可能看到任何東西，這就是大道無形。我們用耳朵聽不到的聲音，不能說它不存在。比如超音波，是用耳朵無法感知的；再比如我們也不可能聽到很遠的地方的昆蟲鳴叫聲，或是一根針掉在沙土上的聲音。這些用耳朵無法聽到的聲音稱之為「希」。希就是稀薄，這就是大道無聲。我們用手無法捕捉的事物，也同樣不能認為它不存在。你是否能用手捕捉到一粒漂浮在空中的灰塵，恐怕不能；你是否能用手抓住一束光，顯然也做不到。這些用手無法捕捉的事物稱之為「微」。微就是細小，細小到能從你緊握的手縫中輕易溜走，這就是大道無形。

那麼大道具體是個什麼東西呢？大道就是那個看也看不見，聽也聽不見，摸也摸不著，無法用我們人類的感官去感覺，只有用意識去體會；無法以概念來分析和判斷，只能以精神來接近的自然規律。因此夷、希、微都只是一個簡單的描繪詞，無法以它們來探索大道的本源，也無法真正了解大道。因為大道是宇宙萬物的主宰，是存在於冥冥之中的，是變化的，是無影無形、無聲無息的。它沒有光亮和黑暗，沒有前進與退後，沒有停止與運動。可以說它沒有絲毫的相對性，它是永恆的，是生生不息、綿延不絕的。當你感覺到它的存在，似乎可以把握到

時，它卻又忽然回歸到先前無跡可尋的狀態中去了。總之它給我們的感覺是惚惚恍恍、恍恍惚惚，無始無終，無上無下，無左無右，無前無後，其大無外，其小無內，沒有最貼切的概念來概括它，因此把它叫作「惚恍」是沒有辦法的辦法。把它叫作「道」也是不得已而為之。

雖然我們無法看見它的形象，無法聽到它的聲音，也無法捕捉它的形跡，但是它卻無時無刻不與我們在一起，規範著我們的行為。我們知道整個世界都是從道中生出來的，宇宙都體現著道的存在。因此道就是法規，道就是我們的行為準繩，它像一座拔地而起與天相連的大山，任你有多大的本領也不能逾越。鳥因為有翅膀可以翱翔於天空，魚因為有鰓鰭可以暢游於水底，馬因為有強健的腿可以奔行於大地，人因為有思想而成為地球的主人，這一切是如何來的，是誰規定的？就是大道。只有大道才有這種力量。道就在我們的身邊。正如我們常說的「謀事在人，成事在天」；又如「冥冥之中自有安排」。這裏的「天」和「冥冥」指的就是道。道就是規律，道就是自然界中的注定，是不可違背的。

曾經有三個人同住在一家小旅館裏。清早，三個人都要出去，一個人帶了一把雨傘，一個人帶了一支拐杖，一個人什麼也沒有帶。等到晚上回來的時候，帶雨傘的人全身濕透了；帶拐杖的人的摔傷了腿；而那個什麼都沒有帶的人卻安然無恙。旅館的老闆感到很奇怪，便詢問其中的原因。帶雨傘的人說：「上午下雨的時候，因為我有雨傘，所以就毫不在意地在雨中走，雨越下越大，就被淋濕了。」帶拐杖的人說：「下雨的時候，因為我沒有雨傘，所以就找了個地方避雨，後來雨停了，路上很泥濘，但是因為我有拐杖，所以就大膽地在泥濘的道路上走，但是路實在太滑了，一不小心就摔了一大跤，結果我的腿受傷了。」什麼也沒有帶的人說：「下雨時，因為我沒有雨傘，所以也找了個地方避雨，等到雨停了，我看到路上十分泥濘，走路的時候就格外的小心，並且盡量找比較平坦的地方走，所以我既沒有被淋濕，也沒有摔倒。」

下雨天無論是否帶了雨傘，都應當小心行走，當避雨時就避雨，這可以說是「道」的一個實實在在的體現。違背了這個規律，當然就會吃虧。所以說，道是不會離開我們的，它總在監視著我們的一舉一動。反倒是我們經常想擺脫道的束縛，去任性而為。魚離不開水，雖然它不知道水的重要性，但總要依水而生。同樣，人也不可能脫離道，可是卻總是違背自然規律行事。我們亂砍亂伐，導致生態環境日趨惡化；我們浪費水、污染水，導致水資源的緊缺。這難道不都是我們離道逆行所遭受的懲罰嗎？

因此，離開「大道」我們連家都回不了。不遵循規律辦事，失敗就在眼前。我們只有按照道的規律和綱紀做人處世，合乎道的準則，才能真正做到不爭不敗！

第十五章　微妙玄通

古之善為道者，微妙玄通，深不可識。夫唯不可識，故強為
之容：豫兮，若冬涉川；猶兮，若畏四鄰；儼兮，其若客；
渙兮，若冰之將釋；敦兮，其若樸；曠兮，其若谷；渾兮，
其若濁。
孰能濁以止，靜之徐清？孰能安以久，動之徐生？保此道者
不欲盈，夫唯不盈，故能蔽而新成。

古之善爲道者，	古代那些善於運用「道」的人，
微妙玄通，	見解微妙而深遠通達，
深不可識。	深遠得無法認識。
夫唯不可識，	正是因為無法認識，
故強爲之容：	所以只能勉強加以形容，
豫兮，	小心謹慎啊，
若冬涉川；	他就像在嚴冬淌水過河，
猶兮，	疑慮謀劃啊，
若畏四鄰；	他就像提防四方的鄰國來圍攻。
儼兮，	嚴肅莊重啊，
其若客；	他就像做客人一樣。
渙兮，	灑脫無羈啊！
若冰之將釋；	他彷彿正在溶化的冰。
敦兮，	敦厚樸實啊，
其若樸；	他就像未經雕琢的原木。
曠兮，	曠達開朗啊，
其若谷；	他就像空曠的山谷一樣。
渾兮，	渾厚深沉啊！
其若濁。	他就像江河的渾水一樣。
孰能濁以止，	誰能在滾動渾濁的水中停下來，
靜之徐清？	安靜後慢慢就會澄清呢？

孰能安以久，	誰能在安定中長久守持，
動之徐生？	慢慢地就會產生變化呢？
保此道者不欲盈，	保持這種「道」的人不貪求滿足，
夫唯不盈，	就是因為不貪求滿足，
故能蔽而新成。	所以才能從陳舊中創新而永遠不會窮盡。

【智慧解析】

這一章中老子告訴了我們一個了解大道的有識之士應該具備怎樣的德操。

大道是微妙通變的，無形象可言，無蹤跡可尋，深廣寬大無法測量，無法預知。是個既看不見又聽不見，也觸摸不到的非常玄妙的東西。這個東西似乎是可有可無的，然而一旦缺少了它，不僅人類將消失，世界上的一切都將消失，所以我們時刻都離不開它。就像魚離不開水一樣，一旦離開就無法存活。但是魚生活在水中，並不了解主宰它的是水，還以為自己是水的主宰，當魚離開了水的時候才明白水的寶貴，才知道原來水才是它生命的根源。我們也許會認為魚很傻，其實人類有時像魚一樣的傻。我們沐浴在陽光中，瀟灑在春風裏，漫步在沙灘上，依偎在樹叢間，開荒造田，育木成林，自由自在地呼吸等等的一切，都是大自然恩賜我們的，都是大道為我們創造的。然而，我們並不這樣認為，我們以為自己是天地的主宰，是我們創造了萬物；我們並不知道感謝上天，也不知道這一切的寶貴。直到有一天我們失去它時，才知道自己是愚蠢的，才知道它們的重要性。就像我們現在才知道水的珍貴，才知道保持環境的重要性一樣。

老子所說的「古之善為道者」卻不是如此。他們「自然抱樸，謹慎恭敬，警覺戒惕，虛懷若谷，灑脫明智，微妙玄通，難測其深，始終不欲盈，故而能蔽而新成」。老子本人恐怕就是這樣的善為道者吧。所以

莊子曾經稱讚老子說，「以本為精，以物為粗，以有積為不足，澹然獨與神明居」。

　　如果離開道就無法生存這一點我們是知道的。但是有多少人能真正了解道呢？雖說道是不可見、不可聽、不可觸的，但是它卻可以體察得到。所謂體察，顧名思義，就是用身體來察驗。換句話說就是修證，就是試探。比如冬天河水結冰了，人們往往會從冰面上過河，或是在冰面上玩耍。但是整個河面上的冰凍結得薄厚並不均勻，一旦不小心就會踩破薄冰落入水中。所以人們在冰上行走時就會特別小心謹慎。這也正是了解道的人士所要效仿的。他絕不會將自己置身於險境，或是為自己製造麻煩，也不會不經過深思熟慮就貿然行事。人們在體察過程中，會發現道是循環不斷、周而復始的，在這不間斷的行進中，道不張揚、沒沒無聲。了解道的這一特性，做事時就會謀定而動，絕不會在事前和事後讓人知曉。

　　有這樣一個故事。一個登山隊計劃攀登一座雪峰，於是，隊員們開始做登山前的準備，食品、藥品以及登山器材都準備齊了。這時，一位專家提醒了他們說，別忘了多帶幾根鋼針，因為在高寒的雪山上，燃氣爐的噴嘴極可能堵塞，需要用鋼針疏通。攜帶鋼針的任務交給了一位老登山員，可是，他並沒有聽從專家的忠告，只帶了一根鋼針。他認為憑著自己多年的登山經驗，有一根鋼針已經足夠了。

　　然而不幸的事情居然真的發現了，這支登山隊最終沒有能把腳印留在山峰上，更可怕的是登山隊員們一個也沒有回來。問題就出在不起眼的鋼針上。那根唯一的鋼針，在使用時不小心被弄斷了，由於沒有代替的工具，燃氣爐無法使用，隊員們斷了飲食，全部陷入了絕境。

　　看來，我們還應該體察到大道的另一個特質，就是絕不放縱、謙虛恭順。了解這一點的人會將自己放在一個賓客的位置上，絕不會喧賓奪主、飛揚跋扈，待人接物都會表現出禮讓謙謹的風範。而從這一點來

看，了解道的人對人對事都會像冰雪的融化一樣自然，絕不強求和執著，也無所掛牽，讓與其接觸的人感到春風拂柳般的自在舒適。

　　大道對所有的人和所有事物都是一樣的，它體現著一種公平與樸實，一種渾然無欺的誠實。如果我們能了解到這一點，並按此去做，在與人相處時，敦厚樸實、不欺不詐，也不傲慢無禮、自以為是，那麼就會得到大家的喜歡，受到大家的歡迎。在內心中形成一種像深谷一樣的力度，可以藏污納垢而不計較，忘卻冤仇而不嫉恨，那時，就不會有痛苦和煩惱了！

　　只有這樣，我們才是了解大道的人，才會在靜止時如臨深淵，在流動時瀟灑飄逸。我們不會停止在任何一個地方，也不會在任何一個地方左右徘徊，我們會像行雲流水一樣自在逍遙。我們不會勉強任何一件事物改變，而是順其自然，讓事態沿著它自己的軌跡運行，而等到時機成熟時，再有條不紊地行動。因此，我們才會不驕不躁，始終與大道在一起，永遠不會感到困頓，永遠在探求新的事物，使世界在自己的軌跡上不斷更新發展！

第十六章　虛極靜篤

至虛極，守靜篤。
萬物並作，吾以觀其復。
夫物芸芸，各復歸其根。
歸根曰靜，靜曰復命。
復命曰常，知常曰明。
不知常，妄作凶。
知常容，容乃公，公乃全，全乃天，天乃道，道乃久，沒身不殆。

至虛極，	進入虛無守靜的極端之境，
守靜篤。	安守沉靜達到厚重切實。
萬物並作，	萬物普遍自由生長發展，
吾以觀其復。	我從而觀察它們的往復循環。
夫物芸芸，	天下萬物品類變化芸芸總總，
各復歸其根。	各自最終都要返還到它們的本原。
歸根曰靜，	返回本原叫作「靜」。
靜曰復命。	靜就叫作回到生命的回歸。
復命曰常，	回歸生命的起點就叫作「常」（規律），
知常曰明，	能識知「常」就是聰慧賢明，
不知常，	不能知「常」，
妄作凶。	而輕舉妄動就會有兇險。
知常容，	知「常」才能包容。
容乃公，	有包容心才能公正豁達，
公乃全，	公正豁達才能成為王者，
全乃天，	王者就是順天理與天通；
天乃道，	順應天理的就符合「道」，
道乃久，	符合「道」就能長久，
沒身不殆。	終身不會遇到危險。

【智慧解析】

我們從上一章中知道一個了解大道的人，應該是什麼形象和境界。那是一種虛無的，如山谷一樣的境界；如大海般壯闊的形象。只要我們能使自己的心境達到這樣一種虛無寂寥的寬廣，堅守著清淨無爭的心態，我們的人生就不會遭受到危險和失敗，因為我們是與大道相同的，是符合自然規律的。那麼，如何才能達到這種境界，如何才能符合自然規律呢？其實只有一點，那就是擯棄我們的欲望，回歸生命的本原。

我們平時都會看到蜜蜂忙忙碌碌地採蜜，螞蟻忙著收集食物，其實人類比它們忙得多！它們的忙碌只是一種自然規律，它們只是為了生存而已，但人類的忙碌就不是那麼簡單的了。我們不僅為了生存，還為了名利去忙，因為我們希望生存得更好，也因此使我們看上去就像旋轉不停的陀螺，而不斷抽打陀螺旋轉的動力，就是我們的欲望。

我們剛出生時是極單純的，只有饑餓的感覺，只知道吃東西，不知道世界上還有其他更多的奢求。但是隨著我們不斷成長，不斷了解世界，使我們有了這樣或那樣的需求和希望，而這些需求和希望達到一定程度時，就變成了自身無法控制的欲望了，而且使我們上癮到欲罷不能的程度。就是因為欲望這個東西，我們的雙眼被遮蔽了，只看到了萬物興盛的豔麗情景；也是因為欲望這個東西，使我們的心靈蒙上了塵垢，無法了解事物的本來面目。欲望讓我們忘記了出生時的單純；欲望讓我們忘記了葉落歸根的真實；欲望讓我們忘記了自然規律的真意；欲望讓我們淹沒在繁華錦繡的喧嘩中，而無法得到平靜。我們是否真的能夠入靜呢？是否真的可以達到沉靜無為、順其自然的境界呢？我想是可以的，只要能讓欲望離開我們的本性，只要能率性而為，我們就可以做到。

老子說：「夫物芸芸，各復歸其根。歸根曰靜，靜曰復命。復命曰常，知常曰明。不知常，妄作凶。」讓我們來看一個的故事。

在一片樹林環抱的寧靜湖邊居住著一對老夫婦，他們以打漁為生，過著幾乎與世隔絕的日子。一年秋天，一群天鵝出現在湖中，它們是從遙遠的北方飛來，要到南方去過冬，途經這片湖水休息一下。寂寞的老夫婦發現這群意外的客人後十分高興，他們很想表達自己的喜悅之情，於是拿出餵雞、餵鵝的飼料來餵天鵝，老頭兒還特意為天鵝打了不少小魚。漸漸地，天鵝與老夫婦熟悉了，它們再也不像初到小島時那樣膽怯了，而是大搖大擺地來吃食，甚至在老夫婦的院子裏溜達。冬天漸近，天鵝們貪戀豐富而得之甚易的食物，居然一點繼續南下的意思也沒有。冬天真的來了，氣溫下降，湖面漸漸結冰了，天鵝們無法取暖，幾乎要凍死了。老夫婦這才慌了神，急忙為天鵝們搭建取暖棚。可是野生的天鵝哪裏能夠習慣圈養的生活，很快它們就凍死了。

不認識永恆的規律，強做妄為的結果就是凶。該來的時候來，該走的時候走，不被欲望牽著鼻子做糊塗事，就會擁有開明和智慧。

如果一個管理者知道什麼時候制定什麼樣的規定，什麼時候採取什麼樣的措施，而不被一些眼前的利益所誘惑，那麼他就是一個明智的管理者，就不會違背客觀規律辦事，自己的公司也不會遭受到危險和失敗。但是，如果他被一些眼前的利益所誘惑，或是不按客觀規律任意胡來，不僅會令公司會蒙受不必要的損失，有可能還會帶來更大的災難。這是指管理公司而言，就個人來講也是一樣的。

因此，只有了解到大道沉靜無為的根本，將事物的一切來源弄清楚，自然而然就可以包容一切，也自然而然地擺脫掉欲望的束縛。這是何等的清爽！何等的愉悅！有了這樣的清爽和愉悅，相信我們不管做什麼，都會摸清要做的那件事的底細、背景、前途、內部結構、外部形狀、前因後果、來龍去脈。我們要想做好它，就有能力將它與我們合為一體，它被我們同化了，這時我們的感受就是它的感受，它的處境就是我們的處境，又怎麼可能不成功呢？

第十七章　功成身遂

太上，不知有之；
其次，親之譽之；
其次畏之，其次侮之。
信不足焉，有不信焉。
猶兮其貴言，功成事遂，百姓皆謂「我自然。」

太上，不知有之；	最好的領導者，下面的人們感覺不到他的存在；
其次，親之譽之；	次一等的領導者，人們親近、讚美他；
其次畏之，	再次一等的領導者，人們畏懼他，
其下侮之。	最差的領導者，人們輕視、侮辱他。
信不足焉，	領導者的誠信不足，
有不信焉。	下面的人們自然不相信他。
猶兮其貴言，	領導者謹慎並且珍重自己的言語而不輕易發號施令，
功成事遂，	事情自然圓滿而成功，
百姓皆謂「我自然。」	而所有的人都說：「我們本來就是這樣的。」

【智慧解析】

　　老子在這一章所說的話，常常被用來闡譯領導者的智慧。老子告訴我們：大道沒有說話，但它卻訴說著自然規律的永存；大道沒有做事，卻表現出使萬物長久生長的能量，而這就是大道的真實境界，是讓我們體察不到的作為。最高明的領導者就應該像大道一樣地行事。

　　老子把領導者分為四個等級，最上等的領導者為太上。太上在這裏是講在遠古的時代，人們有著最好的領導者，例如堯、舜、禹，他們不去人為地擾亂人們的生活秩序，日出而作，日落而息，春生夏長秋收冬藏，一切依據自然的規律，不把人的意志強加給大自然，也不把自身的意識強加在人民頭上，讓人民自由自在地生活，以致人民根本感覺不到他們的上邊還有個首領。這樣的領導者就像天一樣，默默地罩著大地和大地上的一切，但是從來不說什麼。老子說，道就是這樣的。道無處不在，但從來不說什麼，就像陽光和水。陽光和水就是天的賜予。

　　比太上遜色一些的領導者，雖然不能像大道那樣無為而治。但是他們的一切作為都是為了人們能生活得更好，使人們能擺脫困苦獲得歡樂，使人們擁有最大限度的自由。因此他們得到人們的讚譽和愛戴，讓人們感受到他們存在的同時，願意親近他們。

　　接下來的一個層次的領導者，他們也是有所作為的，但是他們的作為卻與前兩者有著本質的區別。他們高高在上，令人們仰視而不及，人們深深地知道他們的存在，這並不是因為他們給人們帶來幸福和快樂，而是給人們帶來了負擔。他們所做的事情不僅擾亂了人們的正常生活，而且使人們感到恐懼，他們與人們之間並沒有很好的溝通，因為他們自身的氣勢、權利，以及作為使人們感到害怕。這樣的領導者在任何時候和地方，都可以見到，我們希望這樣的領導者還是少一些的好。

　　最後一種領導者，是最令人們厭惡的，人們在談到他們的時候，有

的只是詛咒和輕視。這一種領導者可以分為兩類，一類是殘暴專橫，在人群中橫行霸道，無惡不作；另一種是昏庸無能，偏聽偏信，遇事時要不剛愎自用，要不沒有主見。這兩類領導者只能是給人們帶來巨大的痛苦和損失，使人們彷彿生活在水深火熱之中。這種領導者在古代是屢見不鮮的，在當今社會仍然不少。比如廣東某地的一個台資工廠，由於一個小配件的丟失，領導者就將當時的所有女工囚禁起來，並且進行搜身，導致有的女工不堪欺辱自殺身亡，事後該領導者還振振有辭地為自己的行為開脫。這種行為雖說比古代一些領導者的做法「遜色」很多，但是性質是相同的。這種領導者人們對他們只有仇恨和唾棄。

作為一個領導者最應效仿和學習的是前兩者。第一種是無為而治，順其自然，若想人們有所作為，首先讓他們自身有一個平靜安寧的環境，從而使他們有自由發展的機會和空間，這就是充分的信任。他們不一定要在所有的方面都強過他人，關鍵是要具有宏觀決策能力，並且信任他人，授權給他人，就能團結和支配比自己更強的力量。另一種是有為而治，幫助和激勵人們去發展和創造，相信人們的能力是可以順應自然規律的，真誠地對待每一個人，使他們擺脫煩惱和痛苦，從而獲得最大的滿足和快樂。這兩種領導者，都以誠心待人，都珍惜自己的言語，絕不輕易指責他人，也不會隨意發號施令，然而他們的任何一個意願都會得到實現！

第十八章　大道廢焉

大道廢，有仁義。
智慧出，有大偽。
六親不和，有孝慈。
國家昏亂，有忠臣。

大道廢，	因為大道廢棄了，
有仁義。	才顯現出「仁義」。
智慧出，	逐權奪利、投機取巧的聰明智慧出現了，
有大偽。	才有了狡詐和虛偽。
六親不和，	家庭親戚之間不和睦了，
有孝慈。	才彰顯出孝慈。
國家昏亂，	國家昏亂動盪不安了，
有忠臣。	就會出現貞節、忠誠之臣。

【智慧解析】

老子在上一章中提出了領導者管理的差別所在，也相應地告訴了我們，一個領導者要想取得卓越的政績和好的管理效果所應該採取的方法。而這種方法是建立在遵循自然規律和誠守大道原則的基礎上的。我們雖然是大道孕育出來的，也是從大道的規律中得以發展壯大的。但是由於自身的聰明才智不斷增長，我們漸漸地開始自以為是、我行我素起來，逐漸開始違背大道的原則，不再遵守自然規律了，並且想擺脫大道自由發展，因此使我們越來越遠離大道。

儘管我們離大道越來越遠，但是仍然生活在一個相同的境況中，這是什麼呢？老子告訴我們，是由於社會中產生了一些規範，這些規範使我們在遠離大道的時候，不至於發生更大的混亂，從而避免了我們最終走向滅亡。我們制定了一系列政策條文、法令法規和獎懲制度，來保證我們的社會正常運轉，人們的生活相對穩定。人類為了彌補偏離大道後不致走上自絕之路，所用的方法都不是大道所主張的無為之治，而是有所作為。我們的政策條文也好，法令法規也好，都是從中確立了對立面，也就是說有了好壞之分，有了對錯的差別。正是有了這種分別，我們才有獎懲制度，好的、對的就會得到獎勵；壞的、錯的就會受到處罰。從而確保人類社會在這種有所作為中，保持著相對的平衡和穩定。

說到相對的概念，它不僅是我們有為而治的根本依據，同時也是人類一切行動的表現。比如好和壞、美和醜、真和偽、親和疏、忠和奸、大和小、多和少、上和下、前和後……都是比較而言的。失去了一方，另一方也就無從顯現。

我們都坐過汽車，從疾駛的車上向外看時，會發現路兩邊的樹在向後飛快地退去，這時我們會有一種感覺，不是我們在行走，而是樹木在行走。其實，汽車和樹木是相互對應的參照物。如果沒有樹木的相對靜

止，我們就感覺不到汽車在行走。每一種事物都有其相對的一面，就連我們的文字也有其相對性存在。比如仁這個字，從字面上將它拆開就是兩個人，為何要是兩個人呢？很簡單，一個人不管他是好是壞，你都無法判斷，因為沒有一個相對應的參照物。而兩個人你就可以判斷了，他們之間存在的哪怕是極微小的差距，也可以做為你區分他們好壞的標準。有了標準也就知道了什麼是仁，仁就是從人的對比中找到正確的一面，找到真正的人。正如孔子說的：仁者愛人！只有真正熱愛他人的人，他們的行為才能被稱為是仁。

仁的概念我們了解了，而這裏還有一個義字存在著，單從字面上解釋就是「義氣」，我們經常這樣說某人很講義氣。不錯，義字確實包含「義氣」的意義，但是它是有所選擇的。那麼如果將仁和義放在一起的話，我們就不難理解了，只有那些與社會準則相同的、合理的，並且真正熱愛他人的行為，才是仁義的行為。

我們在了解了仁義的同時，還要知道在它的背面還有不仁義，在真仁真義的後面，還有假仁假義。但是，我們是有標準的，只有真正的仁義才會受到人們的認可，才會得到社會的獎勵。當人們都在行仁義之事的時候，我們的社會就會安定和睦了。然而，並不是所有人都能夠做仁義之舉的。我們知道人都是有欲望的，而在欲望的驅使下，有時會為己謀私利，而做出不仁義的事來，這時的智慧就只能稱之為聰明了，也就是我們經常說的耍小聰明。我們會利用這一點小聰明，使用一些手段為自己謀取一些利益，比如左右逢源、前倨後恭、逢迎拍馬等等。我們也經常會利用這一點小聰明，為自己的錯誤行為開脫，甚至找到一個更好的理由來解釋，把錯誤說成正確，顛倒是非。更有甚者，會裝出一幅誠懇的面孔在博得對方的信任後，做一些不可告人的勾當。

有一個老農賣掉了一頭豬，當他揣著錢走在回家的路上，一個騎著摩托車的年輕人追了上來，對老農說：「大爺！你賣豬的時候，我正在

旁邊，看見買豬的那個人給你的是假幣。」老農聽後急忙把拿出錢來看，這時那個年輕人一把搶過錢，飛車逃走。老子說「智惠出，有大偽」，意思是說是智慧產生了大偽，但是他並非要否定智慧，而是反對因智慧而出的虛偽、狡詐、欺騙。

真正的仁義之士在任何時候、任何地方都是遵循大道的，他們是有智慧的人，卻從不勾心鬥角、爾虞我詐，他們不會讓自己的家庭不和睦，讓社會不安定。他們是社會的有識之士，他們也是國家的棟樑之材。因此不該因為社會混亂才有忠臣出現，也不該因為家庭不和才提倡孝子的作為，更不該因為聰明才智的增長而產生虛偽的行為。

第十九章　少私寡欲

絕聖棄智，民利百倍；
絕仁棄義，民復孝慈；
絕巧棄利，盜賊無有。
此三者，以為文不足，故令有所屬：
見素抱樸，少私寡欲，絕學無憂。

絕聖棄智，	斷絕聖明，拋棄智慧，
民利百倍；	老百姓的利益會增加百倍；
絕仁棄義，	斷絕虛偽的仁，拋棄虛假的義，
民復孝慈；	老百姓才能恢復孝慈的天性；
絕巧棄利，	杜絕投機取巧的手段，拋棄對利益的爭奪，
盜賊無有。	盜賊就不會有了。
此三者，以爲文不足，	這三句話，僅僅寫成文字還不夠，
故令有所屬：	所以要讓老百姓的認識有所歸屬：
見素抱樸，	不僅外表呈現純潔，內心也要保持質樸，
少私寡欲，	減少私心，減少欲望。
絕學無憂。	斷絕學識，自然就沒有憂慮了。

【智慧解析】

　　這一章一開篇老子就講「絕聖棄智」，從字面上來講是斷絕聖明，拋棄智慧。那不禁有人要問：「難道聖明不對嗎？難道擁有智慧是錯誤的嗎？」可能還會有人說：「誰不想獲得智慧？誰不想成為聖賢？你難道不希望擁有智慧，成為聖賢嗎？」要知道，人有智慧不一定就能成為聖賢。智慧是個好東西，這一點連老子也不會否認。人們追求聖賢，希望獲得智慧，是很好的事情。因為這世上如果多些聖人賢人，就會少些無賴和土匪。人如果沒有智慧，那還不如一塊石頭或是一根木頭，但石頭與木頭沒有智慧倒無所謂，因為它們不會裝出有智慧的樣子，也不會害人害己。而我們人類則不同，沒有智慧的會裝作很有智慧的樣子，有智慧的卻不正確使用，盡做一些損人利己或是害人害己的事，這就是很可怕的事了。

　　在遠古的時候，人類與自然可以說是相當親近的。河上公曾說過：五帝垂象，倉頡作書，不如三皇結繩無文。那時候人是那麼自然，與天地和諧相處。人把自己看得並不比其他動物高貴，人跟植物也有著千絲萬縷的聯繫。可是，隨著人類智慧的增長，我們就開始自以為是了，認為自己是萬物的主宰，並且跟大自然對立起來了。人跟大自然對立，大自然也在報復人類。人類已經越來越明白，人是不能脫離自然而生存的，生態環境的惡化最終是要毀滅人類的。

　　此外，人與人之間也不像過去那樣和睦相處了，逐漸出現了等級，出現的高低貴賤之分，有了利益的紛爭、爾虞我詐、自相殘殺、相互猜疑。而這一切都是因為聰明智慧的出現及增長，導致我們欲望的膨脹，使我們產生了虛偽的惡習。

　　有這樣一個故事。從前，有兩個人結伴穿越沙漠。走到一半路途的時候，水喝完了，其中的一個人因為中暑而幾乎不能行動。於是，身體

比較健康的那個人決定把中暑的同伴暫時留下來，自己去尋找飲用水，然後帶回來給同伴喝。

找水的這個人臨走以前把一支槍留給同伴，並且一再叮嚀說：「槍裏有五發子彈，我走了以後，你每隔兩個小時向空中開一槍，槍聲會指引我前來與你會合。」說完，就滿懷信心地找水去了。

躺在沙漠中的中暑者在同伴走後心中充滿疑慮：同伴能找到水嗎？能聽到槍聲嗎？會不會根本就沒打算回來救我呢……

到了傍晚，槍中只剩下一發子彈了，可是找水的同伴仍然沒有回來。中暑者心中越來越害怕，越來越相信同伴不會回來了，自己不久就會死在沙漠之中。他開始設想，自己死後，甚至還等不到死掉，禿鷹就會飛過來啄食他的身體……想著想著，他終於再也堅持不下去了，在絕望之中將最後一發子彈射入了自己的太陽穴。

最後一聲槍響過後不久，去找水的同伴帶著水趕回來了，他還帶來了一隊駱駝商人，不過，等待他們的只是中暑者的屍體。

傻瓜是不會猜疑的，猜疑確實是聰明人的行動，然而也正是這猜疑的「智慧」害死了這個「聰明人」。

老子認為，一個領導者只有讓人們認識到智慧的根本、人的本質，才能使人們有所歸屬。沒有了所謂的聖明，揭去了虛偽的包裝，才能有實實在在的安定。

人的本來面目應當是遵循大道的規律、順應自然。恢復了本質的樸素，就沒有了對與錯的概念，沒有了仁義與不仁義的分別，也不存在貴賤之差異了。沒有分別之心，自然也不會有爭奪心。那麼人與人之間也就自然而然地和睦了，我們的生活也會自然而然地回歸安詳與幸福了！

第二十章　獨異於人

絕學無憂。
唯之與阿，相去幾何？
美之與惡，相去何若？
人之所畏，不可不畏。
荒兮，其未央哉！
眾人熙熙，如享太牢，如春登臺。
我獨泊兮，其未兆，如嬰兒之未孩。
儽儽兮，若無所歸！
眾人皆有餘，而我獨若遺。
我愚人之心也哉，沌沌兮！
俗人昭昭，我獨昏昏；
俗人察察，我獨悶悶。
眾人皆有以，我獨頑似鄙。
澹兮其若海，飂兮若無所止。
我獨異於人，而貴食母。

絕學無憂。	棄絕異化之學就可以沒有憂患了。
唯之與阿，	順從與違背，
相去幾何？	它們相差有多遠？
美之與惡，	美善與醜惡，
相去何若？	它們相差又怎麼樣？
人之所畏，	人們所畏懼的，
不可不畏。	我也不可能不畏懼。
荒兮，其未央哉！	茫茫廣漠，宇宙中的道理是沒有盡頭的！
眾人熙熙，	眾人都高高興興，
如享太牢，	好像在分享盛大宴會的美餐，
如春登臺。	又好像春日登臨樓臺遠眺美景。
我獨泊兮，其未兆，	唯獨我淡泊恬靜對周圍的環境無動於衷，

如嬰兒之未孩。	就好像剛出生的嬰兒還不會笑。
儡儡兮，	心有牽掛啊，
若無所歸！	彷彿找不到歸宿！
眾人皆有餘，	眾人都富足有餘，
而我獨若遺。	而我卻好像獨自有所遺失。
我愚人之心也哉，	我這愚人的心靈啊，
沌沌兮！	混沌無知啊！
俗人昭昭	世俗之人都那麼清醒、明白，
我獨昏昏；	我獨自一人就好像昏昏沉沉；
俗人察察，	世俗之人都那麼明辨、清楚，
我獨悶悶。	我獨自一人思緒紛亂、憂愁。
眾人皆有以，	眾人都有所作為，
而我獨頑似鄙。	只有我冥頑不化而且鄙陋。
澹兮其若海。	它就像大海一樣難以捉摸！
飂兮若無所止。	它就像沒有止境隱約不清！
我獨異於人，	我只想和別人不一樣，
而貴食母。	是因為我注重事物的根本。

【智慧解析】

　　這一章的標題叫作獨異於人，講述了解大道的人有什麼樣的獨立人格和性格。具體地說，就是老子在絕學無憂後的境界與狀態。對於一般人而言，之所以有太多煩惱和憂愁，是因為區別之心太重，對任何事情都要進行劃分、比較和選擇。而了解大道的人是不會被這些無謂的規則與定義糾纏的。對於他們來說，一切都是沒有分別的，所以煩惱與憂愁自然不會生起。也許他們有的只是高處不勝寒的寂寞與孤獨。

　　世人都喜歡追求美好的東西，討厭醜惡的東西，追求不到美好就會感到煩惱，就好像看到人家的妻子長得漂亮，就看自己的妻子不順眼一般。了解道的人與眾不同的地方是，認為萬物都是平等的，沒有美醜之分。世人在放縱情欲時，總是興高采烈、忘乎所以，就像是參加一個豐

盛的宴會，又像是在春天登上高山領略那繁華似錦的美景一般。了解道的人則保持著淡泊恬靜的內心世界，因為那一切只是外在境界，轉瞬即逝，並非本質。不過，人們害怕的東西，了解道的人也一樣害怕，比如豺狼虎豹對人的傷害等等；世人都喜歡佔有，喜歡爭名奪利，都為滿足自己的私心而不停地搶奪和鬥爭，似乎得到的越多，生活就越美滿。了解道的人卻不為外在的事物所左右。

曾經聽到這樣的一個笑話，是講一個和尚忘性極大，以至於最後連自己是誰都忘記了。當時認為這個和尚可真是夠笨的，現在想來，那個和尚才正是老子所說的最大的「愚人」。他能夠去掉自己與他人的分別，進入無我和忘我的境界，這不正是大道的境界嗎？小時候還看到一個傻子，一天到晚只知道笑，人們都說他什麼都不懂，餓了就吃，睏了就睡，真夠可憐的。其實他才是最幸福的，因為他的一切都是處在自然境界中的，既沒有好壞的分別，也沒有利益的概念，所以他才真正沒有煩惱和痛苦。

因此，只有真正的愚人，也就是那些在世人眼中傻到底的人，其心靈才是真正的空靈的，不沾有絲毫世俗的概念，一切對於他們來說都是不存在的，連他們自己也不存在。所以他們的心中是空無一物，無牽無掛，像天馬行空，自由自在。我們要想擁有他們那份逍遙，只有了解大道的根本，並與大道相融，萬事順其自然，才能擁有大海般的寬廣胸懷，才能不被世間的煩惱和憂愁所干擾，才能真正的做一些實事！

如果我們再換一個角度理解老子這番話的含意，也會受益菲淺。

「唯之與阿，相去幾何？美之與惡，相去何若？」意思是說，順從與違背相差多遠？美善與醜惡相差多遠？按照老子的觀點來說，應該相差不遠。那麼，我們很可能一不小心就從順從走向違背，從美善走向醜惡了。所以在這個意義上，也可以說是「不可不畏」。

因此，只有做到對待嬉樂、美食、美景淡然處之；對於欲望所得，

道德經的智慧

悵然若失、毫不動心；對於別人會自我炫耀的事情昏沉迷糊；在別人斤
斤計較的時候一聲不響；在別人都有所作為時冥頑不化。這才可以說是
注重生命的根本，也就是道的情操，也才能真正做到保持自我，不入流
俗。這正如孟子所說：富貴不能淫，貧賤不能移，威武不能屈，此之謂
大丈夫。

第二十一章　孔德之容

孔德之容，唯道是從。
道之為物，惟恍惟惚。
惚兮恍兮，其中有象；
恍兮惚兮，其中有物；
窈兮冥兮，其中有精。
其精甚真，其中有信。
自古及今，其名不去，以閱眾甫。
吾何以知眾甫之然哉？以此。

孔德之容，	有大德的人能夠處謙卑而無所不容，
唯道是從。	只跟隨大道。
道之為物，	道這個東西，
惟恍惟惚。	恍恍惚惚似有若無。
惚兮恍兮，	模糊不清隱約不明，
其中有象；	但其中卻有萬物的形象；
恍兮惚兮，	隱約不明模糊不清，
其中有物；	但其中卻有實物的氣質；
窈兮冥兮，	幽深暗遠，無形可尋，
其中有精；	但其中有事物的本質；
其精甚真，	這事物的本質很真切，
其中有信。	其中包含有可以相信的內容。
自古及今，	從遠古到現在，
其名不去，	它的名字從來不曾更改過，
以閱眾甫。	從它那裏認識到萬物的萌生。
吾何以知眾甫之然哉？	我憑什麼能知道萬物開始的情況呢？
以此。	就是根據「道」。

【智慧解析】

《老子》一書又名《道德經》，是由「道經」和「德經」兩部分組合而成的。老子在這部書中，不僅講道，還講德。「德」在這一章中被第一次提出。

《道德經》雖然全書只有五千言，然而這個「道」字卻提到了七十多次，可以說是反覆說明。道是形而上的東西，是虛空的。大道無言無形，看不見、聽不到、摸不著，只能通過我們的思維意識去認識和感知它的存在。而德呢，是道的載體，是道的表現，是我們能看到的心行，它是我們人類通過感知後所進行的行為。打個比方說，誰也不知道虛空是什麼樣子，因為沒有人見過。但是當有了實物之後，我們就能夠知道虛空的樣子了。拿一只玻璃杯，這只杯子的裏面是空的，什麼也沒有，如果放一些水，那麼就有了，就不是空的了。這樣，我們借杯子了解「有」和「無」、「空」和「不空」的概念。但是如果沒有這個杯子，沒有和虛空就不會如此形象，也就永遠無法弄懂。道本來是無法說清楚的，因為說得清楚的就不是道了。而老子以各種方法為我們講述道的存在、道的真意，甚至講述了道的形象。其目的就是讓我們感知道的存在，了解道的重要性。而老子講道的方式就像我們用玻璃杯了解「空」和「沒有」一樣，當我們將玻璃杯打碎了，也就沒有「空」的存在了，但是在另外的玻璃杯中還是有空的存在，而我們依然可以從中了解到「無」的樣子。

其實這就是道的存在方式，道就在玻璃杯中盛著，只不過就像一滿杯水，從遠處透過杯子，一般人看不出有水的存在。一旦打碎了杯子，我們看到的只有水。那麼道又去哪裏了呢？依然無從知曉。然而這水就是道的表現，就是道的載體，它雖然有形卻無形；它雖然有質卻無邊。它流到那裏，那裏就是道，它流成何形，就是何狀。如果說水表現了道

第二十一章 孔德之容

083

在世上的表現，那麼德就是道在我們人類身上的表露。所以說，「道」是「德」的根本，「德」是「道」的顯現。

我們知道水在地上流動是隨著地形的變化，不斷變化著向下流淌的。那麼德就是唯道的命令是從，它只跟隨在道的左右，永不叛變。我們知道大道是無言無為的，所以大德的表現方式也是無言無為的。

誰都知道「有」有用，卻不知道「無」更有用。無為之大道，是我們看不見的。但被「道」支配著的「德」卻是可以看見的。在這一章中，老子再次講述了大道的概念：大道是恍恍惚惚、似有似無的。然而就是在這種恍惚之中卻有一種形象存在著，那就是宇宙的大形象；在這種恍惚之中還有一種物質在流轉，那就是大氣在流動。這個大形象和大氣在恍惚中存在著，它們是那樣的幽暗深遠，雖然無法尋到它們，但是其中卻有一種極其精緻微小的物質真實地存在著，而那正是事物的本質。這一本質已超過我們人類的認識範圍了，但是我們能夠感知到它們的存在，並依靠我們的意識來證實這一點。就好像地球自轉，所以我們每天早上看到日出，傍晚看到日落一樣，我們從這種宇宙的規律中取得了信息，從而感知到大道的存在對我們人類的影響。

德與大道相融、相貫通，像道一樣恍恍惚惚、幽暗深遠。「德」對於我們而言，是品格，是德行，也是成功者所必須確立的內在標準。大德與大道相互的交融，構建了道德體系的根本，從而反映正確的宇宙觀、世界觀、人生觀和價值觀。舉個例子來說，為商之道就在於「君子愛財，取之有道」。在叱吒商場的同時，以誠為本，外圓內方，從而贏得了良好的商業信譽，廣交天下朋友，這不正是大德的表現嗎？

而這也正是老子為我們講述《道德經》的根本意義，領會了這一點就是了解了道與德的本質，對我們了解世界、了解宇宙起了決定作用；對我們的行為、處世有著極大的幫助。

第二十二章　全而歸之

曲則全，枉則直，窪則盈，敝則新，少則得，多則惑。
是以聖人抱一為天下式。
不自見故明，不自是故彰，不自伐故有功，不自矜故長。
夫唯不爭，故天下莫能與之爭。
古之所謂曲則全者，豈虛言哉？誠全而歸之。

曲則全，	彎曲反而能夠保全，
枉則直，	委屈的事物卻容易得到伸直
窪則盈，	低窪的地方才能積滿，
敝則新，	破舊的物品才能生出嶄新，
少則得，	本身少取才會有得，
多則惑。	貪多就出現迷惑。
是以聖人抱一爲天下式。	所以像聖人一樣嚴守「道」的本意行事，才是天下的標準。
不自見故明，	不目空一切所以才能明見事理，
不自是故彰，	不自以為是所以才能顯揚，
不自伐故有功，	不自我誇耀所以才能有功，
不自矜故長。	不自尊自大所以才能長存。
夫唯不爭，	正是因為不與人爭，
故天下莫能與之爭。	所以沒有人能與他相爭。
古之所謂曲則全者，	古人所說的「委曲求全」這句話，
豈虛言哉？	怎麼可能是一句空話呢？
誠全而歸之。	確實能夠達到順應自然而為。

【智慧解析】

我們知道了德是道的表現，它表現了道的無形無為。那麼什麼又表現了德的存在呢？那就是我們人類，生活中的一點一滴行動都表現著德的本質，都是對德的真意的一種闡釋。

我們都知道蛇的身子很軟，而且沒有腿。由於它的柔軟，它可以纏繞到任何東西上去；由於它柔軟，地面高低起伏也不會影響它的行進；由於它柔軟，比它細的洞口它也可以鑽進去；由於它柔軟，當它遇到敵人時，它會立即把自己蜷成一團，只露出一個頭來防禦，這種方式使敵人對它無從下手。我們還知道有一種動物叫變色龍，它彷彿沒有自己固定的顏色，它身體的顏色會隨著周圍物體的顏色變化而變化，從而避免遭受到傷害。沒有固定的形體和色彩，一切隨著時間和地點的變化而變化，道就是這樣的，而德也應該是如此，因為德是現實生活中唯一能表現道的。而蛇和變色龍都不是道，也不是德，它們只是表現道與德的萬物中的一種而已。那麼身為萬物之靈的我們，同樣也是表現道與德的載體，而且比任何一種動物或植物表現得更為徹底。老子的這段話，說出了這樣一個道理：採取低姿態的方式，有利於生存。

有一個人對自己的工作很不滿意，總覺得自己付出了卻沒有得到回報，有才能卻無法施展。他忿忿不平地對朋友說：「我的上司一點也不把我放在眼裏，總有一天我要對他拍桌子，然後辭職不幹了。」「何必逞一時之氣呢，」他的朋友說，「你既然這麼恨這個公司，為何不利用公司的工作機會免費學習，這不是既出了氣，又有許多收穫嗎？」

這個人聽了朋友的建議，從此在工作時收斂了鋒芒，盡量不表現出自以為是的樣子，甚至在下班之後還留在辦公室鑽研工作業務。一年之後，那位朋友偶然遇到他，便問：「你現在大概學的差不多了，可以準備拍桌子不幹了吧！」「可是我發現，近半年來上司已經對我刮目相看

了。最近總是對我委以重任，並且給我加了薪水，我已經成為公司的紅人了！」這個事例正驗證了老子的話：不目空一切所以才能明見事理；不自以為是所以才能顯揚；不自我誇耀所以才能有功，不自尊自大所以才能做首領。正是因為不與人爭，所以沒有人能與他相爭。

世間的一切都是相對的，有新就有舊、有高就有低、有少就有多、有曲就有直，而我們人類的行為，以及由此所造成的結果也是相對的。在一切相對的矛盾對立中，矛盾的雙方會相互轉化，這是永恆不變的真理，而這真理就是道。有人為謀奪一個職位而不擇手段，最後不僅沒有得到，還遭到了降職的處分；也有人為了得到金錢同樣是絞盡腦汁，最後不僅到手的錢財會飛走，說不準還會身首異處。這一切都是因為我們的德沒有正確表現道的本質，沒有沿襲道的規律，所造成的惡果。

我們可以換個方式來做事，做人。比如大公無私，奉獻愛心，救死扶傷，至誠至信，虛懷若谷等等。這些同樣是人類的本性，也同樣是德的表象！而當我們這樣做的時候，所得到就是道的本意。讓自己柔弱空虛，不顯耀也不卑微；讓自己無處不在，但也沒佔誰的地方；讓自己無聲無息，但聲音和色彩卻隨處可見。這時我們就與道混為一體，就是道的真正載體。而我們也就真正了解了大德的概念。當我們了解了大德，也就領悟了宇宙萬物變化無常的規律。看到了矛盾的本質，也就不會被矛盾所左右，只是保持著一種同一的行為，不會去理會彎曲是否會折斷，那彎曲就會得到保存；不會去理會委屈是否會帶來傷害，那委屈也就會變成快樂。我們也就了解為什麼水會流到低谷而得到儲存，少的事物可以變得多起來，我們也就懂得了曲則全、全可歸的道理了。

我們明白了這個道理之後，就可以更好地做人處世，就不會放縱自己的欲望，去爭奪那些看似美好但是卻可能會帶來不幸的東西；並且將自己處於一種相對沉默與低下的位置，這樣就不會遭到他人的嫉妒和傷害，也從而遠離了世間的痛苦和煩惱，得到智慧保持圓滿！

第二十三章　希言自然

希言自然。
飄風不終朝，驟雨不終日。
孰為此者？天地。天地尚不能久，而況於人乎？
故從事於道者同於道，德者同於德，失者同於失。
同於道者，道亦樂得之；同於德者，德亦樂得之；同於失
者，失亦樂失之。
信不足焉，有不信焉。

希言自然。	少說話少發令是合乎自然法則的。
飄風不終朝，	狂風不會颳一個早晨不停，
驟雨不終日。	暴雨不會下一整天而不止。
孰為此者？天地。	誰能夠這樣做呢？是天和地。
天地尚不能久，	天地的狂躁尚不能維持長久，
而況於人乎？	又何況是人呢？
故從事於道者同於道，	所以按大道做事情的人就與道相同，
德者同於德，	按照大德做事情的人就和德相同，
失者同於失。	不按道和德做事的人，就失去了道和德。
同與道者，	與道相同的人，
道亦樂得之；	道也高興和他在一起；
同於德者，	與德同路的人，
德亦樂得之；	德也願意和他相處；
同於失者，	失去道和德的人，
失亦樂失之。	道和德也樂於失去他。
信不足焉，	誠信不足的人，
有不信焉。	人們自然不會相信他。

【智慧解析】

在這一章中，老子所要講的道理是，不合乎道與德的事情是不會長久的。老子所講的「希言」，就是珍惜言語、少說話的意思。就人類而言，語言是使我們擺脫野蠻，走向文明的重要標誌，是不可以胡亂使用的。就個人來講，語言是一個人修養深淺和素質高下的重要表現方式，因此也是不可以隨便運用的。我們都知道「禍從口出」和「沉默是金」這兩句話的意思，所以老子才在這裏告訴我們，要珍惜自己的言語，要少說話。

少說話不等於不說話。如果少說話是不說話的意思，那人類還要語言幹什麼呢？常言道：人有人言，獸有獸語。連動物都有自己的語言來傳遞消息，來表達感情，又何況我們人呢？如果我們真的不說話了，也許這個世界會安靜很多，而我們也就成了行屍走肉，雖然尚有靈魂和意識，但是我們活著的意義就不大了。那麼老子所說的少說話是什麼意思呢？

讓我們先來想一想為什麼要說話？因為我們有事情要傳達，有感情要聯絡，有思想要表達。但是我們是否在傳達事情的時候就能真的把事情說清楚嗎？我看不見得。我們都聽說過那個著名的實驗，當科學家將一句話告訴一個人以後，讓這個人依次往下傳達，當傳達到第四個人時，這句話已經與開始時有了很大的差別，當通過十個人之後又回到科學家耳中的時候，這句話與科學家說出的那句話根本挨不上邊了。如果我們連一句話都傳達不準確，那麼是否就可以通過說話而把感情聯絡好呢？當然是有可能的。但是我們因為說話不當又造成多少情感失和，導致多少悲劇發生呢？這樣的例子不用多想就能夠舉出很多來。我們用語言來表達自己的思想，但是有多少是我們真正的想法呢？有多少是真正準確表達出來的呢？可以說是少之又少。

綜上所述，我們說話還有沒有意義？我們還要不要說話呢？我們說話當然有意義，我們當然要說話。只不過我們要說有意義的話，少說官話、客套話、虛話、假話和廢話，少說沒有用的話，少說可說可不說的話，少說那些說了還不如不說的話，這樣就不會因為說話太多而氾濫成災，就不會惹禍上身了。

　　老子看到狂暴的大風，最多也颳不過一個早晨；猛烈的大雨，也下不了一天之久的現象，告訴我們這個道理。原因很簡單，這些失合於道的事物，來得越快，來得越猛烈，生命力也就越短暫，持續的時間也就越短。其實在西方也早有類似的寓言，比如和煦的陽光要比狂暴的大風更容易讓人脫下外衣；一滴蜜會比一桶毒藥捉到更多的蒼蠅，等等。

　　脾氣暴烈的人，生命也不會太長。世上的暴君大都短命。失信於天下的暴政王朝，所維持的時間也很短暫。因為大道是不會包容違反客觀規律的現象存在的。連天地的力量都不能使狂風暴雨保持長久，更何況我們人類呢？

　　還有一點更為核心的原因，我們都知道大道無言、大道無聲。誰都沒有聽到過大道的聲音，也無從知曉大道的語言。但是萬物都是大道創造的，都是大道的載體，都必須按照大道的規律去行事，我們的生死都是大道安排的，你符合道的規律你就生，你違背了道的規律你就死。連生死都操縱在道的手中，那麼我們只有與道同路，像道一樣無言無聲，才能使我們盡可能地減少痛苦和懲罰。但是我們又無法做到像道那樣大言無聲，所以我們只能盡量少說話，將災禍和麻煩發生的概率降到最低，以確保我們有限的生命得到最大的快樂！

　　這也正應驗了老子所說的話，按大道的規律行事的人，大道也願意與他同行；與大德為伍的人，大德也願意接納他；不願意與大道和大德同途的人，大道和大德也會把他遺忘掉。

第二十四章　企者不立

企者不立，跨者不行；
自見者不明，自是者不彰；
自伐者無功，自矜者不長。
其於道也，曰餘食贅行。
物或惡之，故有道者不處。

企者不立，　　　　　踮起腳尖的人難以站立，
跨者不行，　　　　　跨步前進的人行不遠，
自見者不明，　　　　只看見自己的人不能明見事理，
自是者不彰，　　　　自以為是的人不能被表揚，
自伐者無功，　　　　自我誇耀的人顯不出功勞，
自矜者不長。　　　　自尊自大的人不能長久。
其於道也，　　　　　以上這些行為從道的角度來看，
曰餘食贅行。　　　　只能叫作殘渣剩飯、毒瘤和垃圾。
物或惡之，　　　　　所有的人們都厭惡，
故有道者不處。　　　所以有道的人絕不會這樣做。

【智慧解析】

本章一開始，老子就用了很形象的比喻告訴我們一個深刻的道理，而且對它的闡述貫穿了整章。這個道理就是，我們應該戒除自大與虛榮之心，因為它不符合大道與大德的根本，它只會使我們遭受挫折和失敗，只會給我們帶來不幸和痛苦，除此之外，不會有任何的好處。

「企者不立」，單從字面上解釋，就是用腳尖站立是難以站穩的。我們要想站得穩，光靠腳尖那一點來支撐是不可能的，只有用兩隻腳掌撐在地面上，才會站得牢固。因此，我們做人做事都不可以好高騖遠，而要腳踏實地，這樣才有可能在競爭激烈的社會中取得一席之地。「跨者不行」，從字面上來解釋，就是一步併做兩步或是幾步地向前奔，是不可能行得遠的。因為你可能會剛一邁腿就摔倒，或是走不了幾步就受傷了。因此，我們在工作和生活中，不可以奢望一步登天，也不要急於求成，那樣只會導致失敗。我們都知道「心急吃不到熱豆腐」的老話，只有一步一腳印，才有可能登上成功的峰頂。這正是「不積跬步無以成千里，不積小流無以成江海」。這兩點無論是從字面上講，還是從內中含義講，都是告訴我們千萬不可有虛榮心，更不可被虛榮心所左右。

但是，人類自從有了等級之分，就有了虛榮心，要想剷除它，談何容易。我們誰不是有一點成績就沾沾自喜，就到處誇耀、四處宣揚，就自以為是，甚至就趾高氣揚，不可一世。我們哪一個不是聽到他人對自己的一些誇讚、一點表揚，就高興得忘了把控自己的言談舉止，就喜上眉梢忘形於色。而當他人對自己稍有微詞，稍加批評時，就立刻板起面孔，怒氣沖沖，甚至立刻還以顏色。這些都是虛榮心在作怪，使我們聞喜則親，聞過則怒。

我們都知道不該有虛榮心，也努力地想擯除它，但是我們做不到。原因就在於我們沒有從實質上了解虛榮心。現在老子向我們講述了虛榮

心的實質和後果。老子說：經常自我表現的的人，都是不明智的人；經常自以為是的人，就不會得到他人的認可；經常自我誇耀的人，是顯不出有功的；經常妄自尊大的人，也不會得到長久尊重。正是這樣，如果我們是明智的人，就不會表現自己；我們要想得到人們的肯定，就不要自以為是；我們希望得到功勞，就不要自我誇耀；我們要想得到他人長久的尊重，就不可妄自尊大。

　　虛榮是構建在沼澤上的房子，它遲早是會淹沒在骯髒惡臭的泥水中的。然而人類的虛榮心早以成為一顆毒瘤，也像已經擴散而無法抑制的癌細胞，給這個世界帶來了很多無可挽回的損失和災難。比如我們為了滿足自己的虛榮，就發動戰爭，造成眾多的傷亡；為了我們自己的虛榮，就砍伐樹木建築房屋，結果是生態環境遭到破壞；為了滿足我們的虛榮，就殘殺動物，用它們的皮毛作成服裝，結果打破了生態鏈的平衡。

　　我們看不起動物植物，在我們的眼中人類是萬物之靈，是最完美的。但是動植物是否像我們那樣愛慕虛榮，而導致自相殘殺；是否像我們那樣為了滿足自己的虛榮心，而寡廉鮮恥。在這一點上我們真的比動植物差得很遠，如果我們能像動植物那樣，只是按照大道的規律，沿襲生命的成長，忘卻無聊的虛榮，那我們就可以做到心如天地寬了。

　　我有一個朋友，是一名修道之人，二十幾年的認真悟道，使他淡泊名利。但是當他將自己多年悟道的成就寫成書，並出版之後，就有不少慕名而來的道友向他請教，漸漸地他的名聲越來越大，也使他逐漸的傲慢和自大起來，結果染上了吃喝嫖賭的惡習，而人們看到他變成這樣，也就不再向他討教了，而他自己最後終於在虛榮心的作用下，走上了犯罪的道路，受到了法律的懲罰。

　　一個修道的人到最後都會被虛榮打敗，更何況我們這顆一直在世俗中沉浸的心靈呢？所以我們必須認清一點，那就是貪圖虛榮只是在進行一場必輸無疑的比賽，如果我們執迷不悟，最終等待我們的只有頭破血流！

第二十五章　道法自然

有物混成，先天地生。
寂兮寥兮，獨立而不改，周行而不殆，可以為天地母。
吾不知其名，字之曰道，強為名之曰大。
大曰逝，逝曰遠，遠曰反。
故道大，天大，地大，人亦大。
域中有四大，而人居其一焉。
王法地，地法天，天法道，道法自然。

有物混成，	有一種東西混然天成的，
先天地生。	它先於天地而生。
寂兮寥兮，	它寂寞無聲，廣闊無形，
獨立而不改，	獨自存在而永恆不變，
周行而不殆，	循環運行而不停殆，
可以為天地母。	它可看作是天地萬物的母親。
吾不知其名，	我不知道它的名字叫什麼，
字之曰道。	勉強把它叫作「道」。
強為名之曰大，	再勉強把它形容叫作「大」，
大曰逝，	廣大無邊可稱為運行不止，
逝曰遠，	運行不止可稱為遙遠，
遠曰反。	遙遠可稱為返回它的本原。
故道大，天大，地大，人亦大。	所以道大，天大，地大，人也大。
域中有四大，	宇宙中有這四大，
而人居其一焉。	而人便在這中間。
人法地，	人效法地，
地法天，	地效法天，
天法道，	天效法道，
道法自然。	道效法自然。

【智慧解析】

　　這一章可以說是道家思想的理論重心。有學者認為，「人法地，地法天，天法道，道法自然」的觀點，使道家對社會與自然都以客觀、冷靜的視角觀察。

　　老子在第一章中就說過，道是不可說的，也是說不清楚的，因為說清楚了就不是道了。但是為了讓我們都能更容易地了解道的概念，老子還是要盡可能說得清楚一些。所以在這一章中老子再一次講述了道。他說：道是一種混然天成的東西，它生成的時間比天地早很多，它寂寞無聲，廣闊無形，獨自存在而不受任何約束，而且是永恆不變的。我們只能勉強為它起個名字叫作「道」。

　　這個概念我們已經知道，只不過這裏再做進一步的闡釋。老子在這一章中給了我們一個新的概念，那就是在宇宙廣大的空間中存在著四種擁有巨大能量的事物，這四種事物老子給它們做了排序：道大、天大、地大、人大。這個概念與前面我們所知道的不同，老子竟然把人類與天地和大道並列起來，這使我們不能不重新來認識一下了。

　　我們知道「道」是萬物之母，而這裏說道是天地之母。萬物當然包括天地，老子這是在強調，連我們以為無限大的天和地，都是道的繁衍，你可以想像道有多大，有多玄遠。

　　道產生了萬物，誰產生了道？道是至高無上的，它是自然而然生成的，所以老子提出道法自然。「法」有兩種解釋：一種是師法，就是向對方學習；一種是被約束和管制，臣服與對方。既然道是自然生成的，我們就可以說道是向自然學習，道臣服於自然。關於道，老子說了不少，現在還要再講一回。什麼叫道，道就是「大」。怎麼個大法？天地都是它生的，肯定它比天地要大。它獨立不變，沒有誰、沒有什麼事物能夠限制它、指揮它、框定它，更別說改變它了。你說還有比這更大的

東西嗎？這種大，已經不只是形體上的大，而且還是本質上的大。

　　既然是這樣，那為什麼還說道要向自然學習，要臣服於自然呢？幽遠無邊、寬闊無限我們稱之為大，而細密無極、無限細微也是大。就像是數字，有正數，還有負數，正數可以無窮大，負數也可以無窮大。無窮大由道而生，無限小也由道而生。

　　剛才我們說過老子把人跟天地並列在一起，而把傳說中具有巨大能量和影響力的鬼神都排除在外，可見在老子的心目中人的能量是要大於鬼神的，或者說在老子心中根本就沒有鬼神的存在。但是老子也把許多形體上比我們大的事物排除在外了，比如大象、河馬、犀牛等，可見老子劃分大小的標準不是形體的大小而是本質的區別。人與大象、犀牛等動物相比較，可說是小很多，但是人是有意識形態和思想的，而大象、犀牛卻不具備。我們用象牙作成工藝品來欣賞，有誰見過大象把人類的牙作成工藝品？我們用犀牛角製藥治病救人，有誰見過犀牛用人類的某個部位製藥的？因此我們生而為人是件值得驕傲的事情，因為我們是萬物之靈。道家常講，天地與我並生，萬物與我為一。

　　也正是由此原因，我們就常常自以為是，把上天賦予的這種靈性當作資本，肆無忌憚地使用，把任何事情都做得很過分。我們想怎樣就怎樣，砍伐樹木、毀壞森林，殘殺動物，取皮食肉，任意地破壞大自然，總是把自己置於萬物之上，認為萬物沒有我們聰明，我們盡可以去奴役它們。甚至認為天大、地大，我最大，沒有誰能管我們。但是，我們的想法是錯誤的，老子告訴我們大道就是管轄和制約我們的。

　　對於「道法自然」還有另外一種解釋。陳鼓應先生就提出，「道法自然」中的「自然」一詞並非名詞，而是「自己如此」的意思。也就是說，老子的意思是，道是效法、臣服於它自己的；是排除外在意志的干擾的；是順應它本身的自然趨向的。這種解釋也比較恰當地把「自然」與「無為」兩個詞合而為一了。

第二十六章　重爲輕根

重爲輕根，靜爲躁君。
是以聖人終日行，不離輜重。
雖有榮觀，燕處超然。
奈何萬乘之主，而以身輕天下？
輕則失臣，躁則失君。

重爲輕根，　　　　　　厚重是輕浮的根本，
靜爲躁君。　　　　　　沉靜是狂躁的主宰。
是以聖人終日行，　　　所以君子終日在外旅行，
不離輜重。　　　　　　不離開他的輜重。
雖有榮觀，　　　　　　雖然有豪華的樓宇，
燕處超然。　　　　　　安然居住卻超然於外。
奈何萬乘之主，　　　　為什麼身為大國的君王，
而以身輕天下？　　　　卻輕率浮躁的治理國家呢？
輕則失臣，　　　　　　輕率就會喪失根基，
躁則失君。　　　　　　浮躁妄動就會喪失主宰。

【智慧解析】

我們已經知道世上的一切都是相對的，都是相輔相成的，如果沒有相對也就沒有世界了。比如有高才有低，有前才有後，如果沒有高與前，那麼低和後也就不存在了。正因為這種相對性，老子又為我們提出了兩組相對的關係，那就是重和輕、靜和躁，由此為我們闡述了自然的約束力，並告誡我們應當順從自然，不可違逆自然的道理和因果關係。無論做什麼事情，都要保持冷靜，從容鎮定。

重和輕本身就是一對矛盾體，但是它們又都依仗著對方來表現自身的存在，呈現自身存在的價值。就像一個單位中的上下級，如果沒有上級，下級也就像散沙一樣，起不了作用；但是沒有下級的上級，也是無法表現自身能力的。所以說重和輕所表現的就是這種相輔相成的關係，重是輕的根本，無重便無輕；輕是重的表現，無輕就無重。然而重與輕是有主次之分的，它們所處的地位是不一樣的。正如上級是決定和管理者，而下級是服從和行事者。在這裏重就是上級，是領導，居於決定作用。而另一對矛盾靜與躁也是這樣的，靜是上級，是領導，起著主導地位，而躁是下級，是被決定和管理的對象。我們平時不是經常說，做事要分輕重緩急嗎？就是這個道理。同時，重又是輕的基石。基礎打堅實了，行事就會輕鬆自如。這就好比軍隊的騎兵可以輕裝上陣，但卻離不開厚實充備的糧草補給。

其實，這個道理並不難懂，因為我們本身就是崇尚穩重、沉靜而排斥輕浮、狂躁的。我們認為穩重、沉靜的人可靠踏實，值得依賴；輕浮、狂躁的人不可靠、不踏實、不值得信任。說得更準確一些，穩重、沉靜符合自然之道，所以給我們一種高誠信的感覺；而輕浮、狂躁違背了自然之道，給我們的是一種不安全的感覺。

為什麼穩重沉靜就符合自然規律，而輕浮狂躁就是違背呢？這就要

從自然的角度去分析了。自然界中凡是穩重沉靜的事物都能夠永存，而輕浮狂躁的事物都是轉瞬即逝。比如遼闊的天宇因其穩重沉靜而得到永恆；蒼茫的大地因其穩重沉靜而得到永存；萬年的高山因其高大沈穩而永遠聳立；深邃的大海因其廣闊靜謐而永不乾涸。而天空的烏雲只能籠罩天空於一時，卻無法遮天一世，就是因為它輕飄浮動；狂風驟雨只能逞短暫之威風，就是因它狂躁暴烈。那麼我們是應當效法遼闊的天地和高山大海，以求得長存呢，還是像烏雲和狂風驟雨一般逞一時之歡暢？我想所有的答案都是一樣的，就是以前者為師，以得到永恆。

春秋時期，魯昭公亡命到齊國。有一天，齊景公問魯昭公，為什麼昭公年紀輕輕就即位了，可是在位沒幾天就亡命齊國。魯昭公回答說，他一向受眾人喜愛，但是卻把勸諫當成耳邊風，即使聽了也不付諸行動。結果周圍只剩下逢迎拍馬、阿諛奉承的人了。哪有不逃亡的道理！

後來，齊景公詢問宰相晏嬰，是否可以幫助魯昭公復位。晏嬰的回答是，不可能了。

這是典型的「以身輕天下，輕則失臣，躁則失君」的實例。

了解大道自然的人，即使有豪華、美麗的宮殿居住，有華美絢麗的生活，也絲毫不會因此而輕浮狂躁，更不會因此就不善待或輕視他人。他們依舊安靜地生活，表現得端莊厚重，超然於世俗以外，不受世俗之物的左右，自然而然就像一切都不曾發生過一樣。

老子在這一章給了我們這樣的忠告，不論我們做任何事，處在任何環境之中，都要保持沉穩冷靜，表現得從容不迫。千萬不可心浮氣躁，急切慌亂。那樣不但解決不了問題，反而會使問題更加複雜。我們每一個人都應該擁有這樣的品德，擁有順其自然的心境，才能成就一生的事業，生活得安詳自在。身為領導者，更應具備這樣的素質，以穩重為根基，以寧靜為法則，那樣才會管理好自己的公司、企業，甚至國家。

第二十七章　常善救人

善行無轍跡，善言無瑕讁，善數不用籌策。
善閉無關楗而不可開，善結無繩約而不可解。
是以聖人常善救人，故無棄人；
常善救物，故無棄物。是謂襲明。
故善人者，不善人之師；
不善人者，善人之資。
不貴其師，不愛其資，雖智大迷。是謂要妙。

善行無轍跡，	善於行路的人不會留下轍跡，
善言無瑕讁	善於言談的人不會留下錯誤讓人指責，
善數不用籌策。	善於計算的人不需借助計算工具。
善閉無關楗而不可開，	善於關閉的人不用鎖鑰別人卻不能打開，
善結無繩約而不可解。	善於捆綁的人不用繩索纏束卻使人不能解脫。
是以聖人常善救人，	所以聖人總是善於發現和使用人，
故無棄人；	因此才不會使人才浪費；
常善救物，	聖人總是善於利用物資，
故無棄物。	因此才沒有使物資浪費。
是謂襲明。	這就叫作繼承和保持聰慧、賢明。
故善人者，	所以有能力、善於做事的人，
不善人之師；	是沒有能力的人的老師；
不善人者，	沒有能力、不善於做事的人，
善人之資。	是善人引以為鑒的資料。
不貴其師，	不尊重他的老師，
不愛其資，	不把他引以為鑒的資料當回事，
雖智大迷。	即使是聰明人也會出現最大的迷惑。
是謂要妙。	這就是所說的精深奧妙道理的要點。

【智慧解析】

在這一章中，老子提出「五善」，善行、善言、善數、善閉、善結，目的是告訴大家如何展開行動。一切行動合於道，才會猶如庖丁解牛一般，行動達到「善」的境地。

如果我們在行動時能夠擁有大道的境界，與大道融為一體，當為則為，不當為則不為，行為時發自內心，那麼所為之事就不會讓人覺得造作或者不正常，自然就不會留下「痕跡」。行動要順其自然，不苛求結果，也不顯示炫耀自己的存在與能力，這樣我們就是善於行動的人。

一家汽車公司正在對應聘者進行面試，前面幾位條件非常優秀的應聘者都被淘汰了，看來公司的錄用標準很高。有一位等待面試的大學畢業生突然發現公司裏潔淨的走廊上有一片骯髒的廢紙，便自然而然地彎下腰，撿起來丟進了廢紙簍中。這個細節碰巧被公司的董事長看到了，他早已經看過了這位大學生的簡歷，他說：「你被錄用了。我想，一個不忽視眼前小事的人將來很可能成就大事。」

這位大學生就是後來鼎鼎有名的亨利・福特，而這家公司後來發展成為世人皆知的福特公司。亨利・福特自然而然、發自內心的行動，不露痕跡地虜獲了董事長的心，可以稱是上是「善行無轍跡」了。

有句話說「禍從口出」，有很多人就因為說錯了一句話，得罪別人而招來災禍。所以又有俗語說：危險的不是小水壺有大提把，而是有大壺嘴。善於講話的人不一定要說出多麼豐富華麗的辭藻，更用不著譁眾取寵的賣弄辭彙。善於講話的人之所以不會有錯誤發生，是因為他們知道如何少說話，即使說話也要說合乎道的事情。如果我們都能以這樣的方式來進行交流，不僅減少了錯誤發生的機率，也與大道的無言無聲相吻合了。

我們知道有一種人善於心算，他在計算時是不使用計算工具的，他

們只需要在心中盤算一下，就知道結果了。不過，老子在這裏講善於計算者不用工具，只是一種比喻，目的是告訴我們，凡事要做到心中有數，不必表現出多知多懂，那樣反而會讓人覺得你沒有修養。心中有數自然是順應大道的結果。

我們了解了善行、善言、善算的真意，也就不難體會到善閉和善結的智慧了。「善閉」與「善結」講的是對事物的掌控能力。聖人之所以能夠牢牢把握事情的發展局面，正是由於他們依道行事。依據規律行事的人，與大道是統一的，自然可以掌控局面、遊刃有餘地瀟灑處世了。

就管理者而言，知人善用，人盡其才，物盡其用，就是合乎於道。這樣就可以得到大家的擁護和支持，難道不是最大智慧的行為嗎？

老子進一步告訴我們，要想擁有這「五善」，就要做到向得「道」之人學習，得「道」之人則要以離「道」之人為戒。這就是提倡一種學習精神。向別人的長處學習，以別人的短處為戒，嚴格要求自己，這才是無上的奧妙境界！

第二十八章　常德不離

知其雄，守其雌，為天下溪。
為天下溪，常德不離，復歸於嬰兒。
知其白，守其黑，為天下式。
為天下式，常德不忒，復歸於無極。
知其榮，守其辱，為天下谷。
為天下谷，常德乃足，復歸於樸。
樸散則為器，聖人用之，則為官長，故大制不割。

知其雄，	知道那雄強，
守其雌，	卻安於雌柔，
為天下溪。	是天下所遵循的蹊徑。
為天下溪，	作為天下所遵循的蹊徑，
常德不離，	永恆的德就不會離去，
復歸於嬰兒。	就回歸初生嬰兒時的狀態。
知其白，	明白事物的亮麗顯赫，
守其黑，	卻安於事物的黑暗隱昧，
為天下式。	是天下的準則。
為天下式，	做為天下的準則，
常德不忒，	永恆的德就不會有失誤，
復歸於無極。	就回歸於無窮無盡的「道」。
知其榮，	知道那榮華，
守其辱，	卻願守著卑下、恥辱，
為天下谷。	甘願做天下的川谷。
為天下谷，	做天下的川谷，
常德乃足，	永恆的德才能充實，
復歸於樸。	就回歸到純樸的境界。
樸散則為器，	渾樸分散則成為器物，
聖人用之，則為官長，	聖人就可以利用它，就會成為領導，
故大制不割。	所以理想的政治制度不可勉強去分割。

【智慧解析】

　　老子在上一章中，告訴了我們如何在行事時順應自然。在這一章中，他又告訴我們應當以退為進，得到自身的安穩。要達到這樣的境界，其實很容易，只要改變我們已經習慣了的生活準則和行為方式，將有所作為轉變成無所作為就可以了。「守雌」、「守黑」、「守辱」，可以幫助你消除競爭對手的戒備心，有效地保存實力，從而避免可能產生的麻煩。

　　我們都見過剛出生的嬰兒是那樣的柔順，這種柔順是沒有經過任何雕飾的，是自然天成的最佳狀態。記得有一個大學生辯論會，主題是人之初性本善，還是人之初性本惡。雙方在那裏為此爭論不休，津津樂道。我當時就覺得是多此一舉，無聊得很。因為在嬰兒的意識裏沒有任何分別，不存在任何等級概念，又怎會有善與惡之分呢？所以人之初本無性，嬰兒那種至柔至順，是最符合大道的，是大道在人身上淋漓盡致的表現。也正是因此，沒有人想刻意去傷害一個嬰兒。我們如果從思想上就告誡自己不去強調我們的剛健，在行動上始終保持著平靜和柔順，就會給人以嬰兒一般的感覺，結果卻是柔能克剛、靜可止躁。

　　我們從嬰兒長大成人後，歷經了許多事故，遭受了眾多打擊，也感受了無數樂趣，在社會這個大染缸中摸爬滾打幾十年，成就了各種各樣的心態和思想，想表現得多知多懂、經驗豐富是很容易的。然而再想回歸本來面目，像嬰兒一樣恬淡虛靜，至真至純，意識中沒有一絲污跡，不沾染一絲灰塵，柔順圓滿，就不太容易了。但是我們一旦能以有知的心態追求無知的境界，能以剛健的外形表現柔順的內在，那我們就像山谷中的溪流一樣清澈，永遠流淌不止。

　　老子在這裏所說的知雄守雌、知白守黑、知榮守辱，從字面上解釋就是知道剛健而擁有柔順；知道明亮而擁有黑暗；知道榮耀而擁有屈

辱。從含義上來說就是讓我們要謙虛謹慎，和光同塵，不張揚炫耀，不貪慕虛榮，要懂得「虛心竹有下垂葉，傲寒梅無仰面花」的道理。就好像女孩子們喜歡高大威猛的男孩，也喜歡男性剛健粗獷的性格，但是如果一個男孩真的高大威猛、剛健粗獷，恐怕就很難有女孩願意嫁給他，因為女孩還是希望擁有溫柔的愛撫，希望聽到柔順的話語，那樣才能領略到真愛的感覺。

跟隨在英國首相邱吉爾身邊的許多人給了他一個很有趣的綽號——「一架老的B-2轟炸機」。意思是說，任何優質燃料只要進入它的發動機，都會被毫無例外地檢測為不合格的油品而禁止進入燃燒室。

這是因為，邱吉爾擁有卓越的才能，但是也相當自負，對於別人的意見或建議常常看不起。要麼不採納，要麼根本不予理睬。

不過，有一個人卻是獨一無二的例外，這個人就是他的助理史蒂文斯。史蒂文斯有什麼絕招呢？

有一次，史蒂文斯被邱吉爾單獨召見，他明知首相不容易接受別人的建議，但是還是盡自己所能，清楚地陳述了一個政治方案。因為是經過苦心研究的，他自認為這個方案相當可行，所以說得理直氣壯，十分自信。

不過，這一次他沒有得到幸運之神的惠顧：邱吉爾聽完他的話以後，尖刻地說：「在我願意聽廢話的時候，歡迎你再次光臨。」

然而，在數天之後的一次宴會上，史蒂文斯吃驚地聽到邱吉爾正在把那天他的建議當作自己的見解發表。這件事使史蒂文斯「大徹大悟」，原來並非是他的建議本身不好，而是他提建議的表達方式不好。

於是，他找到了向首相提建議的最好方法：低調建議，不再強調某個計劃是他想到的，就好像那是首相自己的想法一樣。在首相不知不覺地感興趣以後，再將這個計劃作為首相自己的「天才構思」公之於眾。這樣，這個計劃就被「移植」到首相的頭腦中了，他就會堅定不移地相

信這是一個好主意。

　　這就是守雌、守黑、守辱的處世態度成就了行動的最佳例證。

　　就領導者而言，守雌、守黑、守辱就好像以德服人一般，可以消除下屬對他的警戒心和恐懼感，從而樹立起威信。

　　因此，老子所講述的這三知三守，是最好的為人處世的道理，因為它們符合大道的無言無聲、雖創萬物而不居功的品行！而這才是永遠不會失去、永遠充實、永遠不錯的德行！

第二十九章　去奢去泰

將欲取天下而為之，吾見其不得已。
天下神器，不可為也，不可執也。
為者敗之，執者失之。
故物或行或隨，或歔或吹，或強或羸，或載或隳。
是以聖人去甚，去奢，去泰。

將欲取天下而為之，	打算奪取天下而去治理它，
吾見其不得已。	我預見是得不到什麼的。
天下神器，	天下是由神聖的東西組成的，
不可為也，	不是可以強行治理的，
不可執也。	也不可以強行支配。
為者敗之，	強行治理的就會必敗，
執者失之。	強行支配的就會失去。
故物或行或隨，	因為天下的萬物有前行的也有跟隨的，
或歔或吹，	有的性緩，有的性急，
或強或羸，	有的強盛，有的弱小，
或載或隳。	有的增加，有的減少。
是以聖人去甚，去奢，去泰。	所以聖人就會放棄極端的、奢侈的和過度的要求。

【智慧解析】

在這一章中，老子著重講述治理國家的主張。老子告訴我們，天下是由神聖的人民組成的，而不是有某個君王決定的。治理國家要「去甚、去奢、去泰」。

老子認為，世上的事物，本來千差萬別，各有天性。山有山的形貌：有蒼綠之山，有嶙峭之山，有高聳入雲之山，有連綿起伏之山；水有水的氣質：有清澈之水，有渾濁之水，有涓流之水，有咆哮之水。那麼作為萬物之靈的人，芸芸眾生數以億計，更是各有各的形貌，各有各的氣質，而且愛好和習慣還各有不同。比如有的人喜歡走在眾人的前面，有的人喜歡跟在他人的後面；有的人性情溫和乖巧，有的人生性剛猛暴躁；有的人爭強好勝，有的人謙恭禮讓；有的人蠻橫霸道，有的人懦弱受欺；有的人愛好運動熱鬧，有的人愛好安詳清淨。世間眾生千百態，不可能讓他們隨著某個人的旨意改變。世上萬物也包括人，都在自然而然地存在著，一切都按照他們各自的天性發展著，為何偏偏要對他們強加管理，強行安排他們的性情習慣，偏要將自己的意志強加於人強加於物上呢？如果是正確的意志還好一些，一旦這種意志是錯誤的，不是反而把事情弄亂了嗎？

作為領導者應該採取的管理方式是無為而治，一切順其自然。比如一件事，明明會有不好的結果，但是他仍然堅持要做，規勸他也不聽。當然，如果以你的權力命令他停止做，他會勉強不去做了，但是他心理肯定不服氣。你還不如就讓他去做，事實會教育他的。這比你生拉硬拽要管用得多，他不但會吸取教訓，還會對你更加尊敬。因此真正有頭腦、有智慧的領導者是能夠清醒地知道應該把那些極端的、過分的、奢侈的要求排除掉，只有這樣才能真正的管理好一切。

有一個孩子，上小學的時候貪玩並且理解能力較差，因此學習成績

很差，特別是數學，那些加、減、乘、除對他來說是一種莫大煩惱。這就難免會出問題：有一次數學測驗他竟然只得了四十九分，而全班只有他一個人亮起了「紅燈」，數學老師把他叫到辦公室，怒氣沖沖地當著辦公室許多老師的面狠狠地批評他說：「你數學到底是怎麼學的？怎麼這麼笨？這麼簡單的題都不會做，你還有指望嗎？……」他那時還小，對老師說的許多詞語並不十分明白，但是他的小小的自尊心是明顯地受到傷害了，而且印象很深，直到成年後還能回想起那個令人傷痛的場景──當著許多老師的面，被無情地數落……

後來他就真的「沒有指望」了：數學課經常無故缺席，他對那門課產生了厭倦，對教課的老師產生了反感。對數學課的反感也影響到了對其他課程的學習興趣。結果期末考試時他成了全班倒數第一名。

過了一年，他們班換了一個數學老師。這位老師儘管在上課時很嚴肅，對作業要求也很嚴格，但是卻從來不發脾氣。他知道這個孩子數學基礎很差，卻並沒有要求他把成績一下子趕上來；也不強迫他補數學課，而採取循循善誘的方式，捕捉這個孩子在數學方面的每一點小小的進步，然後對他鼓勵。漸漸地，這個孩子發現自己原來也可以學好數學，這使他信心大增，對數學逐漸產生興趣，最後主動請老師幫助他補習。直到長大成人，他都一直對那位有著一顆仁慈之心的老師心存感激。

我們每個人都應當向那位「去甚，去奢，去泰」的老師學習。

什麼是應該去除的？哪些又是極端的、過分的、奢侈的呢？這就需要我們按照自然規律的要求去分析、選擇，而這正是老子在這一章中希望我們了解和體會的立身處世的中心原理。老子用他的智慧引導我們如何進行正確選擇，告訴我們只要知道了何為極端的、過分的、奢侈的東西，然後將其排除，這樣我們就能順其自然，而不會導致失敗！

事實也是這樣，在我們日常的生活和工作中，會不斷遇到各種各樣

的選擇，對於每一種選擇我們都要做出正確的處理，才有可能成功，就算沒有成功，我們也不至於徹底失敗。我們常說是你的早晚是你的，不是你的強求也得不到，就算得到了也早晚會失去。說的正是這樣的道理。

我們可以選擇爭鬥，選擇強取豪奪，也可以選擇欺詐的手段，這些辦法有可能使我們成功，但是我們肯定會失去一些東西，比如友誼、尊嚴、誠信等，甚至失去愛情和親情，這樣的例子可以說是屢見不鮮。有的人說只要能夠成功，無所謂失去，因為有得就有失，選擇任何方法都只是過程。這是極其錯誤的想法，因為這可能使我們採取過分的手段，走向極端，最終可能連性命都失去了，而這也是奢望導致的結果。所以我們在做事做人的時候，一定要遵循大道的規律，不做過分地奢望，不採取極端的做法，這樣我們就可以立於不敗之地了！所謂盡人事而安天命，也是同樣的道理！

第三十章　故善者果

以道佐人主者，不以兵強天下，其事好還。
師之所處，荊棘生焉；大軍之後，必有凶年。
善者果而已，不敢以取強。
果而勿矜，果而勿伐，果而勿驕，果而不得已，果而勿強。
物壯則老，是謂不道，不道早已。

以道佐人主者，	用道輔佐君王的人，
不以兵強天下，	不靠兵威在天下逞強，
其事好還。	用兵這樣的事容易得到報應。
師之所處，	大軍所到過的地方，
楚棘生焉。	田地荒蕪、荊棘叢生。
大軍之後，	大型的戰爭過後，
必有凶年。	必定是災荒之年。
善有果而已，	善於用兵的人達到目的就可以了，
不敢以取強。	不敢用武力去逞強。
果而勿矜，	取得了戰果不自大，
果而勿伐，	取得了戰果不炫耀，
果而勿驕，	取得了戰果不驕傲，
果而不得已，	取得了戰果而示人是迫不得已，
果而勿強。	取得了戰果達到目的而不逞強。
物壯則老，	事物發展到壯大後就會衰老，
是謂不道。	這就是做事情違背了「道」。
不道早已。	違背了「道」就會過早地衰亡。

【智慧解析】

我們知道凡事都有一個限度，一旦越過這個限度就會產生相反的結果，這也是我們常說的過猶不及、否極泰來。人的忍耐是有限度的，所以君王在治理國家時應採用自然而然的方法，避免極端過分的做法，才能保證人民安定、國家興旺。

但是，君王治理天下並不是他一個人就可以做得來的，必須有一些輔佐他的人，而這些人的政治主張是否正確，會直接影響到君王的判斷，也會直接導致國家和人民的安定或者動盪。所以他們是否能符合大道的準則，就是極其關鍵的。

他們輔佐君王管理臣民的同時，也操縱著軍隊，如果他們過分強調軍事的作用，難免就會給君王帶來爭奪天下、窮兵黷武的治國主張，這樣勢必會造成不好的結果，不論是勝是敗都會遭到報應。因為戰爭本身就是最大的危害。有人說，「戰爭的悲劇就是，它用人類最好的，去做最糟的事。」戰爭帶給我們的是災難、痛苦、衰亡。但是一個國家又不能沒有自己的軍隊，沒有軍隊的國家就會遭到其他國家的侵略，就無法保證自己國家的安定祥和。所以老子主張，用兵之道不是為了戰爭，不可以強兵天下；只是為保家護國，為確保人民的安全和政治的穩定而用；是不得已而為之的事情，是被動的而不是主動的。一旦發生戰爭，必須用兵的時候，也要遵循大道的原則：不過分用兵逞強，只要達到保全自身利益的目的就可以了；而且在達到目的以後，不要自滿、不要驕傲、不要誇耀。因為這樣做不僅會引起別人的嫉恨，也會使自己放鬆警惕，還會使自己放縱和腐化，這會使已經取得的勝利化為烏有，同時導致最終的失敗。

老子在這裏以用兵之道為我們講述了一個做人的道理，那就是在取得成績或達到目的的時候，不要過分的得意和驕傲自滿，那樣勢必會使

自己走上失敗的道路。因為驕傲是一種相當可怕的東西，古時候的人甚至將驕傲與死亡畫上等號。在《說苑》一書中就曾經寫到，人們不希望自己驕傲，但是驕傲卻會自己找上門來；驕傲和滅亡沒什麼關係，但滅亡卻總是隨著驕傲而來。唐太宗也曾對大臣們說過這樣的話：生活安定豐富，就容易產生驕傲和奢侈，驕傲和奢侈到了，死亡也就馬上來臨。古代的人們都知道「謙受益、滿遭損」的道理，而現在的人卻是越來越自以為是了。其實隨著科學的不斷進步，應該看到我們是渺小的，有很多事我們是不知道的，不要妄自尊大了。甚至認為我們可以主宰宇宙，這是多麼可笑而愚蠢的想法，如果我們持此態度走下去，那離人類的滅亡也就不遠了。

做任何事要有度，還要得饒人處且饒人，不必因為正義掌握在自己的手中，就睚眥必報或是置對方於死地而後快。反而招人嫉恨、使人生厭。

一對夫婦帶著心愛的兒子去義大利旅遊，沒想到途中遭到了劫匪的襲擊，他們的兒子死在劫匪的槍口之下。這個突如其來的打擊使夫婦二人陷入了極度悲痛之中。可是，就在兒子死去幾個小時之後，父親做出了這樣的決定：兒子的心臟移植給一個患先天性心臟病的孩子；一對腎臟分別捐獻給兩個腎病患者；眼角膜捐獻給兩個有失明危險的義大利人；而兒子的胰腺可以被提取出來用於治療糖尿病。就這樣，死去的兒子幫助了五個義大利人。這件事情令全體義大利人深感震撼與羞愧。

當憤怒、憎恨、痛苦都只能增加不幸的感覺且根本於事無補時，倒不如寬容地原諒一切，這也許是最合乎道的解決問題方式。所以人們經常說：做人做事不要太絕了，多給自己留退路。因此我們在為人處世時，萬不可自以為是，傲慢自大；要謙恭謹慎、不急不躁，做到適可而止、見好就收。這就像女人化妝一樣，得當的裝飾打扮，不僅可以襯托原本的容貌，還可以增添幾分氣質與亮麗，從而吸引更多的異性；但是如果過分地打扮，不僅沒有變得更豔麗，反而將原有的姿色毀掉了。

第三十一章　恬淡為上

夫兵者不祥之器，物或惡之，故有道者不處。
君子居則貴左，用兵則貴右。
兵者不祥之器，非君子之器。
不得已而用之，恬淡為上。
勝而不美，而美之者，是樂殺人也。
夫樂殺人者，則不可以得志於天下矣。
吉事尚左，凶事尚右。
偏將軍居左，上將軍居右，言以喪禮處之。
殺人之眾，以悲哀泣之；戰勝，以喪禮處之。

夫兵者不祥之器，	兵器是不祥的器物。
物或惡之，	眾人都厭惡它，
故有道者不處。	所以有道的人不會使用它。
君子居則貴左，	君子平時是以左邊為上位，
用兵則貴右。	用兵作戰時以右邊為上位。
兵者不祥之器，	兵器是不吉祥的器物，
非君子之器。	不是君子使用的器物。
不得已而用之，	如果迫不得已而使用它，
恬淡為上。	恬靜淡然為上等，
勝而不美。	勝利了也不要加以讚美。
而美之者，是樂殺人也。	如果讚美它，就是以殺人為樂事。
夫樂殺人者，	樂於殺人的人，
則不可以得志於天下矣。	就不能在天下實現他的志向了。
吉事尚左，	所以吉慶的事以左邊為上位，
凶事尚右。	凶喪的事以右邊為上位。
偏將軍居左，	所以偏將軍位居左側，
上將軍居右，	上將軍位居右側，
言以喪禮處之。	就是說用辦喪事的規矩對待戰爭。

殺人之眾，　　　殺人眾多，
以悲哀泣之，　　用悲衰的心情去面對它，
戰勝，以喪禮處之。　戰勝了，也用喪事的儀式來處理它。

【智慧解析】

任何一個人都知道戰爭是極其殘酷的事，因為它會死人，不管是古代以刀刃相搏，還是現今以槍炮相對，還是未來的電子戰，都是會有人員傷亡的。任何一種傷亡都是對統治者的控訴，都是對人類的殘害，都必定會導致天下的不安定，都是對大道的違背。所以老子在這裏再一次強調戰爭的可悲與無奈。

這裏可能有人要說，老子是為統治階級說話的，是封建禮教的代言人，我們是否應該遵循他的教誨呢？其實，無論是在哪個時代，哪個地方，我們都是需要一個統治者的。因為蛇無頭不行，鳥無頭不飛！人類社會也同樣需要這樣的領頭人，大到一個國家，小到一個公司、一個家庭都是一樣的。不論是誰來管理，只要他是一個有智慧的人，明瞭大道趨勢並遵循它來進行管理，我們就會有安定幸福的生活，就可以順其自然的發展。如果領頭人都能按照老子的指引去做，我們又怎會有痛苦和災難呢？又怎會不安定平和呢？那我們的社會與儒家的大同世界、佛家的極樂世界和我們所嚮往的共產主義社會的區別又在哪裏呢？所以，一個領導人的好與壞不取決與他是不是封建的，主要是看他是否以人民和國家為重，是否給了人民相對自由和發展的權利；看他是以德治天下，還是以武力治天下。

一個殘暴的統治者，殘害人民，淫武天下，他所發動的每一次戰爭都是非正義的；而一個聖賢的統治者，是不會以戰爭來給人民帶來災難的，如果發動戰爭也是保家護國的正義之舉。但是不管是正義的戰爭還是非正義的戰爭，是勝利還是失敗，結果都是一樣的，都是違背大道的

凶事，都會帶來人員的傷亡，都能造成妻離子散的慘劇，都會導致土地的荒蕪，都會使經濟衰退，所以即使是正義之戰的勝利，也不應高興，要感到悲哀才是。正因如此，自古以來人們都對戰爭有一種恐懼感，都希望平安穩定，不要有戰爭發生。

由此可見，沒有人贊成用武力來達到解決問題的目的，國家與國家的矛盾如果用武力解決，就會使社會不安定，使人民遭受痛苦和損失；而個人與個人之間的矛盾，用武力來解決，不僅矛盾會被激化，還會使自己的人身安全得不到保證。因此在我們與他人交往的過程中，盡量避免與他人發生正面的衝突，如果發生了意見分歧，也最好以恬靜淡然的態度對待，這樣就可以化干戈為玉帛了。如果每個人都本著這樣的原則交往，那麼人與人之間就平和得多，也就不會有那麼多不該發生的事件了。當然有的時候武力是不可避免的，比如面對歹徒，就必須以武力將其制服，有時甚至可以使用一些極端措施。

我們在日常生活中所發生的一些矛盾，絕大部分是可以避免的，但是我們卻沒有使它平息，經常是愈演愈烈，最後升至動用武力，造成兩敗俱傷的慘痛局面，這樣的教訓實在是太多了。比如報紙上曾經報導過這麼一件事，兩個關係不錯的朋友，因為聊天時的一句玩笑話，一個覺得面子掛不住，就動手打了對方一拳，結果另一個也不示弱，還手給了對方一記耳光，於是兩人大打出手，任憑旁邊的人如何勸阻，也無濟於事。最後，其中一個在打鬥中一不小心從八樓的窗戶摔了出去，當場死亡，另一個則因過失殺人鋃鐺入獄，追悔莫及。所以說，不管是統治者治理天下，還是人們之間的交往，最好都能以恬靜淡然的方式進行，盡量做到與人無爭、與物無爭、與名無爭、與利無爭。這樣統治者不會因為想擴大領土而侵略別國；我們也不會因為爭名逐利而與他人發生矛盾。由此，不僅天下太平，人民安居；而且人們之間也會和平相處了。

第三十二章　知止不殆

道常無名。
樸雖小，天下不敢臣。侯王若能守之，萬物將自賓。
天地相合，以降甘露，民莫之令而自均。
始制有名，名亦既有，夫亦將知之，知之所以不殆。
譬道在天下，猶川谷之與江海。

道常無名。　　　　　　　大道永恆但無名無形。
樸雖小，　　　　　　　　它本性純樸幽深雖然微小，
天下不敢臣。　　　　　　然而天下卻無人能夠讓它稱臣。
侯王若能守之，　　　　　在上位者如果能遵循於道，
萬物將自賓。　　　　　　萬物將會自然而然地臣服。
天地相合，　　　　　　　天與地的陰陽之氣相融合，
以降甘露，　　　　　　　就會降下的雨水，
民莫之令而自均。　　　　人沒有指揮命令它，而它卻自然、均勻地分布。
始制有名，　　　　　　　人為了治理就建立了制度、確立了名分，
名亦既有，　　　　　　　名分既然擁有了，
夫亦將知之，　　　　　　那也需要知道它的界限，
知之所以不殆。　　　　　知道了制度的界限才不會失敗。
譬道在天下，　　　　　　就像大道在天下應用，
猶川谷之與江海。　　　　就像小溪歸入江海一樣自然。

【智慧解析】

　　大道到底存在不存在？這不用說我們也知道它是存在的，但是大道到底以何種形態存在？大道到底有沒有大小？老子告訴我們大道是沒有固定形態的，它無處不在，萬物的任何一種都是它的載體。它表現在水上就是液體，它表現在樹木上就是固體，它表現在空中就是氣體。大道也無從於大小，因為萬物都是由它衍生的，這其中既包括天地在內，也包括微生物在內，所以它的大小是無法形容的。其實道不能以大小論之，宇宙間一切的事物，都存在於道中。並且，大小是相比較而存在的。你說天大，還有比天更大的東西，你說微生物小，還有比微生物更小的東西，比如原子，得用高倍的顯微鏡才能看得見。但是，還有比原子更小的東西。

　　所以說大道是宇宙的本原，它大可以無極限；而宇宙又是由無數個最基本的單位原子組成的，而原子也是道的載體，因此道小可以如原子，甚至更微小。鑒於道的這種無形態可言、無大小可分的性質，也就沒有辦法給道起一個名字，而且永遠不可能有名字能給它指定。所以道是處在一種極為質樸的狀態下，就像剛剛在母體內著床的胎兒一樣，無形無狀，無名無性，它對外面的世界一無所知，雖然它不強大也不顯赫，但是還沒有人能令一個胎兒感到恐懼，那也就無法令它服從。大道就是這樣的，任誰也無法使它臣服。

　　人類的領導者們如果能夠效法大道的這種質樸的狀態，也就是說像胎兒一樣沒有分別心，沒有任何的尺度，那麼任何事物都左右不了你，無法使你向他們臣服。那他們自然就會向你臣服，就會聽從你的安排，服從你的指令。而人們也就不需要你去強行管理，他們自然會平等和睦、無爭無奪地工作和生活了。但是我們要想效法這種狀態，是不太容易的，因為大道是無名無相的，我們要想認識並效法它，就必須給它一

個名字，而現在我們只能將它命名為「道」。然而一旦有了名字就有了概念，而概念是對立產生的源頭，對立的產生就會使我們的認識產生局限性。就像我們在認識「道」的過程中，知道了天地是由道創造的，但天外是不是還有天的存在呢？我們再仔細地分析一下，我們所說的天其實就是宇宙，但宇宙也是分層次的。我們人只認識到宇宙是一個空間，但是還一定有許多空間我們還沒有認識到。就是我們認識到那些空間的存在，根據人的認識差異，這種認識也肯定不在一個層次上。比如一般的人跟愛因斯坦認識到的空間絕不是一回事。表面看來，我們可以跟愛因斯坦坐在一個餐桌上吃烤餅，但是我們並沒有生活在同一個境界裏。他看到的時間是彎曲的，我們感覺到的時間是直線滑行的。他以為大地在飛奔，而汽車沒動，我們覺得汽車在跑，而大地不動。再往細裏說，我們不跟愛因斯坦比，也不跟霍金比，他們畢竟不是平常人。就是平常人跟平常人比，每個人眼裏的世界也並不是一樣的。生理上的差異和心理上的差異都可以導致認識上的誤差。究竟誰看到或感覺到的世界是真實的呢？誰又知道我們因為生理上和心理上的缺陷或局限而感知到的世界距世界的本來面目相差多少呢？

知道了人類在認識世界和感知世界時是有局限性的，是需要概念和名稱來確定的，這就說明我們有自知之明。因此我們要做到適可而止，不要太強調和太執著於我們的認識和感知，這樣我們就可能減少錯誤，甚至不犯錯誤。比如我們到野外遊玩時，會看到一群六、七歲的男孩和女孩，都光著身子在河裏或水塘中嬉戲，我們不會覺得有傷風化，也不會有人以恥辱的心態去看待他們。但是如果是在城市的游泳池裏，這種現象就會讓我們感到不舒服，甚至會以鄙夷的目光去審視。這是為什麼呢？因為我們的心中存在著一種固定的認識，這種認識是有局限性，也是很難改變的。認為野外是放縱的地方，而游泳池是文明的象徵。其實，在那些男孩和女孩的心中是沒有這種限制的，在他們眼中只看到了

水，只知道在水中嬉戲的樂趣。因為他們的內心是明亮的，是順暢而自然的，沒有一絲灰塵，也就不需要用布去擦拭，是最符合道的原則的。而我們大人因為內心世界有了尺度，有了分別和界限，所以我們就會局限於我們的標準，並執著於我們的認識。這是不可取的，因為這種執著使我們的視野無法更寬廣，使我們的心境無法回歸自然，使我們遠離了道而無法與道同行。其實，在現實生活中很多事情是沒有對錯之分的，是我們心中強行給了一種判斷，所以就會說這是錯的、那是對的。

　　因此我們做人做事不要在心中設定一個限制，那樣我們就會局限和依靠這個限制來認識世界。我們的意識無法像道那樣無名無形、遍布天下，又怎能如道一樣納百川而成江海呢？

第三十三章　自知者明

知人者智，自知者明。
勝人者有力，自勝者強。
知足者富，強行者有志。
不失其所者久，死而不亡者壽。

知人者智，	能識知別人是智慧，
自知者明。	能識知自己是賢明。
勝人者有力，	能戰勝別人是威力，
自勝者強。	能戰勝自己才是強大。
知足者富，	知道滿足就會富有，
強行者有志。	堅持力行就是有志氣。
不失其所者久，	不迷失本性就能長久，
死而不忘者壽。	死後不被遺忘才是長壽。

【智慧解析】

我們都聽說過這樣一句話：知人善任。能夠了解他人長處並且善加使用的人是有智慧的。蕭何月下追韓信、伯樂識馬都是最典型的例證。一個好的領導者是善於發現人才並合理使用人才的，這樣的領導者可以使自己的領域得到最大的維護。知人還有一個好處，就是如果你了解你的敵人或者競爭對手的實力、弱點，你就可以在戰爭中、競爭中立於不敗之地。但是只能認識和了解別人是不夠的，這只能證明你有頭腦，還要做到知己才可以證明你的賢明。俗話說：知己知彼，方能百戰不殆！知彼只能使你保全自己，但知己卻能使你戰勝對手，無往而不利！漢高祖劉邦就是最好的例子。高祖曾說：論運籌帷幄於幃帳之中，而決勝於千里之外，我不如張良；論鎮守國家，安撫百姓，供給糧餉，不絕糧道，我不如蕭何；論指揮百萬大軍，戰必勝，攻必取，我不如韓信。這三個人都是人中豪傑，我能用他們，這就是我取得天下的原因！而項羽只有一個范增，他還不用，這就是項羽被我打敗的原因！高祖正因為知人善用，知己知彼，才能打敗所有對手，取得天下。

然而在芸芸眾生中，有多少人能像高祖那樣知己知彼呢？可以說少之又少。人們常說：人貴有自知之明。知人難，那麼知己就更難了。因為人們都有虛榮心，就算知道自己的缺點也不願意承認和面對。所以，要想自知就必須給自己一個正確的評價。如果人真的無法自知又會如何呢？人如果僅僅不自知，自己願意糊塗，也沒有什麼關係。只能說自己是個傻瓜，卻不會有太大的影響，既不會誤導他人，也不會給自己帶來更大的麻煩。可是，那些沒有自知之明的人偏偏不是傻瓜，不僅不是傻瓜，有時還比一般人要「聰明」。這樣的人往往只看到自己的優點，而不知道自己的缺點是什麼，因此總是一副高人一等、目空一切、自我感覺良好的樣子。他們絕不會承認自己沒有自知之明，由於他們沒有擺正

自己的位置，所以他們看問題總是片面的、本末倒置的。總是自以為是地耍一些小聰明，給自己和他人以錯誤的引導，帶來不必要的麻煩和傷害。這樣的人跟社會嚴重錯位，以致他們更加無法認識和了解自己。無法了解的自己人，又怎能夠正確認識和了解別人呢？

當我們能夠了解自己，知道自己的優點和缺點，並能夠正確面對時，我們不僅能夠了解別人，戰勝別人，同時還能夠戰勝自己，成為真正的強者和智者。正如老子所說，一個能戰勝別人的人，只能說他是有力量的，而一個能戰勝自己的人，才是高明的。記得有一篇文學報導，講述的是中國一個摔跤選手為了在比賽中取得優異的成績不斷刻苦訓練，在練習中尋找自己的缺點。他一次次地將自己摔倒，直到有一天他無法再將自己摔到的時候，就成為了世界冠軍。這篇報導的名字就叫作《摔倒自己的冠軍》。同樣，如果我們希望自己能夠成為真正強大的人，就不要以戰勝別人來證明，而要以戰勝自己來表現，拿出勇氣戰勝自己的所有缺點，諸如膽小懦弱、嫉妒狹隘、貪慕虛榮、自以為是、驕傲狂妄等等，當我們克服了這一切的時候，就成為摔倒自己的冠軍！

成為了強者，也就擁有了智慧，也就明瞭了道的真諦，就能夠按道的規律去生活。這時我們就清醒地認識到自己的渺小，我們生活在這個世界上依靠著萬物，是萬物為我們提供了生存機會，我們就會為自己所得到的充滿感激，感到滿足，這樣就會更加幸福地生活。這就是老子所講的知足者才能富有，也是我們俗話說的知足長樂的道理。因為只有知足的人，才不會產生貪欲，才不會感到欲望無法實現，才不會整日牢騷滿腹，才不會嫉恨別人的有、抱怨自己的無，才不會感覺生活空虛和痛苦，才會在逆境與順境中一樣快樂，才會真正是永遠富有和快樂的人。當我們了解自己也了解他人，並且感激萬物所帶給我們的一切時，我們就更加知道自己的不足，為此我們會努力地追求與道相融的境界，一旦我們和道同一了，我們就不會迷失本性，我們的心境也就得到長久的祥和。

第三十四章　終不為大

大道泛兮，其可左右。
萬物恃之以生，而不辭，功成不名有。
愛養萬物而不為主，常無欲，可名於小。
萬物歸焉而不為主，可名於大。
是以聖人終不自為大，故能成其大。

大道泛兮，	大道廣泛博大，
其可左右。	可以橫豎左右無處不到。
萬物恃之以生，	天地萬物都是依靠它生長，
而不辭，	然而它卻沒有說過話，
功成不名有。	事就功成了而不去佔有名聲。
愛養萬物而不為主，	它養育愛護著萬物卻不自以為是主宰，
常無欲，	它仍是永遠沒有什麼欲望，
可名於小。	可以稱名為「小」。
萬物歸焉而不為主，	天地萬物歸附於它而它卻不主宰，
可名於大。	可以稱名為「大」。
是以聖人終不自為大，	由於它始終不自以為偉大，
故能成其大。	所以才能成為偉大。

【智慧解析】

　　前面一章中我們了解了應該如何做人才能得到幸福，才能與大道相同。這一章中老子再次借用大道的德行，告訴我們處世的真諦。

　　老子說大道之所以能夠無處不在，上下左右如天馬行空一般無所不到，就是因為大道是無形的，它本身沒有任何分別，也沒有任何名性，它不存在任何對立的概念，諸如大小、長短、高矮、好壞、對錯等等。而它亦無方向的概念，我們說它在左，它就在左；我們說它在右，它就在右，反正它在四面八方，但是這一切的方位都是我們說的，都是我們為它定義的，跟它沒有關係。但是人類就做不到這一點，我們要不往左，要不往右，因為我們是有界限的，有分辨意識的，我們都喜歡和美好舒服的東西打交道，也願意到乾淨整潔的地方去；誰都不喜歡與醜陋彆扭的東西交往，也不願意到骯髒凌亂的地方去。比如我們喜歡穿漂亮的衣服，不喜歡難看的服裝；喜歡吃美味可口的食物，不喜歡吃糠嚥菜；喜歡和俊男美女成為朋友，不喜歡和相貌醜陋的人接觸；喜歡住乾淨敞亮的房子，不喜歡住狹小凌亂的小屋等等。這些界限和分別害得我們的意識和思想受到很大的限制，使我們無法廣泛地發展，也得不到永恆的存在，如果我們希望像大道那樣無所謂左也無所謂右，使我們的意識衝破限制，四處遨遊，那我們就不要有任何概念，也不要有任何分別。

　　有誰看到過太陽向我們伸手要過錢？有誰向空氣付過賬？肯定沒有過這樣的事情。太陽用光芒照亮大地，給我們溫暖；空氣為我們提供生存的條件。但它們從來沒有誇耀過自己，也沒有跟我們索取過什麼。它們是大道的使者，是大道的同一體，它們如實地體現著大道的根本，反映著大道的本意。大道和它們都在為萬物奉獻著自己的所有，使萬物生機盎然，但這份功勞它們卻從未承認過，也不曾為此而炫耀過。天地萬

物都是由它衍生的，依靠它來生長和發展，可以說它是萬物的主人，但它從來沒有想到過要主宰任何事物，也沒有強行去改變任何事物，使一切都是任其自然地生長和發展。大道的這種平常心值得所有生物學習，尤其是人類，因為這正是我們所缺少的。

人類卻與大道的做法截然不同，我們認為自己是萬物之靈，我們有思想和意識，可以創造事物，也可以改變事物，所以我們就自認為是萬物的主人，可以任意命令和指使萬物，主宰萬物的生長和發展，可以想怎樣奴役就怎樣奴役萬物。這種想法是多麼的幼稚和無知，這種心態是多麼的可悲和可歎。殊不知我們是依靠萬物得以生存和發展的，我們也同樣是從大道中衍生出來的。換而言之，大道是我們的主宰，萬物為我們提供了生機和能量。如果我們真是萬物的主宰，那麼在我們肆意蹂躪萬物的時候，它們就只有忍氣吞聲，不敢反抗。但是為什麼我們會遭到大自然的報復。比如我們大量砍伐樹木，毀壞植被，造成水土流失，結果是大地乾旱，河流乾涸，狂風肆虐，黃沙漫天。又比如我們任意地捕殺野生動物，結果導致生態鏈被破壞，使我們的生存環境日益惡劣。再比如我們殘忍地讓牛吃自己同類的屍體，結果導致狂牛病的產生，造成世界性的恐慌。這樣的事情太多了，我們從中應該知道萬物都是相互依存的，我們不是主宰者。由此可見，我們人類之間也不存在誰主宰誰，或是誰被誰主宰，我們是平等的，是相互依靠的。就像工人、學生和軍人依靠農民生產的糧食得以延續生命；而農民、學生和軍人依靠工人生產的器具得以更好的工作和生產。所以我們應該效法大道的精神，做到相互平等相待，誰也不居功佔利，擁有一顆平常心。努力幫助他人而不求回報；努力做事而不爭名利，其結果是聲望和名利我們都會自然而然地擁有。

第三十五章　往而無害

執大象，天下往。
往而不害，安平泰。
樂與餌，過客止。
道之出口，淡乎其無味。
視之不足見，聽之不足聞，用之不可既。

執大象，	誰掌握了大道的法象境界，
天下往。	天下人就會前往歸順。
往而不害，	前往歸順而不相互傷害，
安平泰。	會得到安寧、和平、順利。
樂與餌，	動聽的音樂和美味的食物，
過客止。	能吸引路過的人停留止步。
道之出口，	而「道」要是說出來，
淡乎其無味。	也就沒有味道了。
視之不足見。	不能夠看見它。
聽之不足聞。	不能夠聽清它。
用之不可既。	使用它卻不會用盡和厭煩。

【智慧解析】

誰能把握大道的原則，並按大道的原則行事，就可以使天下的人都來歸順，就能使天下的人不受到傷害，並且得到安寧、和平、順利。就像美麗的大自然吸引著我們，一到假日我們都會約朋友，帶著家人，到野外郊遊，領略大自然的景色，感悟大自然的清新，回歸大自然的懷抱，這使我們從心底裏感受到安靜與祥和。大自然是什麼，大自然就是大道，大道就是大自然，因為道法自然。也正因如此，我們才嚮往大自然，才希望到大自然中去。但是，我們之所以能夠感受到大自然，還是因為它以各種形象和聲音來表現了它的存在，比如秀麗的山川、茂密的森林、奔騰的河流、清新而不污濁的空氣、百鳥爭鳴等等。是這一切吸引著這些長久生活在喧鬧城市中的人，讓我們領略到自然的和諧與平等。而這就像是美味的佳肴吸引著我們的胃口，動聽的音樂吸引著我們的耳朵一樣，令我們爭相前往，停留止步，流連忘返。我們正是被這些聲色所控制，才會忘情，才會嚮往。

我們知道大道是無言的、無形的、無聲的，它無處不在。大道對我們的控制是我們能意識到，卻無法感覺到的，這就是大道的平凡。而它不以聲色相誘惑，不以名利做引誘，不以武力相威脅，一切都是自然而然的，使我們不得不順從它的原則，歸屬它的懷抱，得到永久的安詳和平靜，永遠也不會受到傷害，這就是大道的偉大。大道之所以偉大，是因為它的平凡，而這才是老子所說的大道的根本，無為而無所不為的真諦。如果人類的領導者們能夠掌握大道的這種根本，能夠效法大道那無為而無所不為的做法，那麼就無須用各種手段來籠絡人心，費盡心機地控制他人了。人們會自然而然地歸屬到身旁，來享受沒有任何傷害的安寧、平等和祥和！

有這樣一個故事，可以使我們有更深刻的認識。在中國戰國時期有

一個哲學家叫陽芘，他在去齊國的路上，投宿到一家旅店。在這家旅店中，陽芘發現了一件有趣的事，店裏有兩個女人，一個貌美如花、風流俏麗，而另一個卻相貌醜陋、皮膚黝黑。但是，這裏所有的人都對那個醜陋的女子異常尊重，而對那個美麗的女子卻異常輕蔑。陽芘開始以為醜女是老闆娘，美女是丫鬟，但是一打聽才知道兩個都是老闆娘。這使陽芘不解，後來便向店小二探詢，店小二告訴他：「美女自認為自己很美，就飛揚跋扈欺壓店裏的人，所以我們都覺得她既可恨又醜陋；而那個醜女，卻對店裏的人們很好，從不欺負人，而且還很尊重我們，所以我們並不覺得她醜，反而覺得她挺美麗的。」店小二的一番話引起了陽芘的思索，後來他明白了：做了好事而不居功的人，永遠都會得到他人的歡迎和尊敬！

第三十五章　往而無害

第三十六章　國之利器

將欲歙之，必固張之。
將欲弱之，必固強之。
將欲廢之，必固興之。
將欲奪之，必固與之。
是謂微明。
柔勝剛，弱勝強。
魚不可脫於淵。
國之利器不可以示人。

將欲歙之，	要想把它收斂起來，
必固張之。	必須先要擴張它。
將欲弱之，	要想把它削弱下去，
必固強之。	必須先要增強它。
將欲廢之，	要想把它廢棄掉，
必固興之。	必須先要興盛它。
將欲奪之，	要想把它奪取過來，
必固與之。	必須先要給予它。
是謂微明，	這就是知曉精深微妙道理的明智之處，
柔勝剛	柔軟勝於剛硬，
弱勝強。	弱小勝於強大。
魚不可脫於淵。	魚兒離不開水。
國之利器不可以示人。	統治國家的利器不能傳示給人看。

【智慧解析】

我們努力地學道，了解道，然而卻不能得道，這是為什麼？因為我們有太多的概念，有太多的分別心。認為學道就會得道，就會有文化，有修養；而不學道就無法得道，就沒有文化，就沒有修養。其實這是一種錯誤的認識，因為就大道本身來說，是沒有這些分別的，是沒有這些概念的，它是自然存在於一切事物中的，它是不會有所執著的，所以它不會因為我們的努力，就與我們同行，也不會因為我們沒有文化就離我們遠去，這就是大道一視同仁的原則。這種原則適用於所有的事物，比如樹木花草、狼蟲虎豹都是行道者，而每一個人，包括我們的國家也同樣是道的認同者。

大道是沒有這些感覺和認識的，這些都是我們自己的了解和認識。道是不會對我們的認識橫加干涉的，它讓我們順其自然，自然而然地去理解和施與，這樣我們的作為也就順道而行了。比如說「物極必反」，就是我們對自然之道的理解所得出的認識。又如《易經》中的「陰極陽生，陽極陰生」，也是對大道自然的終極解釋。

我們都知道一天之中最明亮的時候是中午，那時太陽在我們的頭頂上，隨著太陽的西斜，天色就慢慢暗下來；而一天中最暗的時候是子時，那時太陽在我們的腳下，這就是物極必反。一年中的二十四個節氣裏有夏至和冬至兩個節氣，夏至是一年中白天時間最長的，冬至是一年中黑夜時間最長的。夏至這天過後，白天就會越來越短，天氣也逐漸變冷；而冬至這天過後，夜就會越來越短，天氣也逐漸暖和起來，這就是陰極陽生、陽極陰生。這些都是自然界中存在的，是我們人類認知的。那麼在人類中有沒有這種規律呢？有！老子按照大道的原則給了我們肯定的回答，並且告訴我們應該怎樣做！

老子說遵循大道的根本，依照人類的分別心和相對概念，我們只要

能使一切達到極限，那麼不用強硬的辦法，也可以達到我們想要達到的目的。比如我們想要收縮一樣東西，我們首先要使它無限的擴張，等它擴張到極至的時候，它自己就會收縮起來的。氣球就是這樣的，如果我們想將一個氣球弄破，最好的方法是，當一個氣球充滿了氣之後，還不斷地往裏充氣，最後氣球自己就會破裂了。還有當我們想要把一個東西削弱的時候，我們就無限地增強它，當它大到一個極限時，就是它減弱的開始。比如現在世界和平組織之所以提出核裁減，就是因為人們使核武器的威力已經增大到打破了人們所能承受的界限了，所以才要削弱它。再有，要想廢掉某一個事物，那就得先給予它一些便利，讓它盡可能發展壯大，等到它壯大到極至時，也就是它滅亡的時刻。就像恐龍時代，自然界給了恐龍足夠的發展機會，使恐龍社會的龐大程度比人類還要壯大，正是這樣，地球無法再承受它們的重壓了，它們自己也無法再很好的生存了，於是它們就被大自然所毀滅掉了。最後，也是我們常說的一句話，那就是「如要取之必先予之」。這句話對於我們來說是很好理解的，比如一個男孩喜歡上一個女孩，為了獲得女孩的芳心，就對女孩表現的百依百順，變著花樣地送禮送花，到了一定時候女孩自然會接納他。

我們說了這麼多，其實還是與大道的根本相符的，無言無形的大道在人類這種有形的物種面前，也只能按照我們相對的概念從事了。所以說不是大道要興誰或滅誰，或是我們人類要好誰壞誰，而是自然法則的規律，作用在人類身上，就看我們是不是符合這種規律了。符合，我們就生存；違背，我們就滅亡。所以說「生死由命，富貴在天」是不對的。不過我們的一切作為都是變化的徵兆，都預示著另一個事物的興起。我們順從自然規律，不再執著追求了，那我們就變得柔弱了，就像水一樣，也就不那麼剛直易折了，就更能適應環境、順應大道了。因此不管我們如何做，如何理解和認識，都離不開大道的指引，都離不開自

然規律的限制，就像魚兒離不開水，國家離不開人民一樣。一旦我們離開了這種限制，也就是我們滅亡的時刻。那麼，作為一個領導者，如果過於壓制人民，過於將自己的意志強加在人民身上，那就像要離開水的魚兒，等待他的只有失敗和毀滅！

第三十七章　道常無為

道常無為，而無不為。
侯王若能守之，萬物皆自化。
化而欲作，吾將鎮之以無名之樸。
鎮以無名之樸，夫亦將不欲。
不欲以靜，天下將自定。

道常無爲，	大道永遠是無所作為的，
而無不爲。	但卻無所不做。
侯王若能守之，	領導者如果能遵循於大道，
萬物皆自化。	天地萬物將自然生長和化育，
化而欲作，	生長和化育中如果被欲望左右，
吾將鎮之以無名之樸。	我將用無名無形的「樸」去鎮定治理它。
鎮以無名之樸，	用無名無形的「樸」去鎮定治理它，
夫亦將不欲。	他也就不會再有貪欲了。
不欲以靜，	沒有貪欲就可以寧靜，
天下將自定。	天下自然地會安定正確。

【智慧解析】

　　天上、地下、人間所有的事情都是有著它自己產生、發展、滅亡的規律，都有著它們自己特殊的存在方式。它們都遵循著大道的規律自然生存著，人是犯不著來為這些操心的。如果非要橫加干涉，就會違背這種自然規律，其結果是不難想像的。比如人們非要把鳥關進籠子，結果束縛了鳥自由自在的天性，使鳥而失去了翱翔天空的機會，違背了它自然生存的規律，鳥兒就失去了靈性。我們有誰見過關在籠中的老鷹，還有那種盤旋於藍天之上俯視大地那雄渾不可一世的霸氣和威風。又比如人們將老虎圈養起來，以供人們觀賞，這也約束了老虎的野性，違背了它生存的自然規律，以致老虎不再有往日那種嘯傲山林、令百獸伏首的王者風範了。這僅僅是人類強行改變自然規律的一小部分，這些還不會給我們帶來太大的危險和損失，但是我們對自然生長規律的違背，就使我們深刻體會到違背自然大道所受的懲罰是可怕的。

　　曾經流傳這樣的順口溜，說什麼要想富去砍樹。於是大量的樹木被砍伐，大片的原始森林變為荒山禿嶺，致使水土流失、沙塵漫天，大量的土地沙化，使我們的生存受到了威脅。這都是違背自然、違反大道所導致的慘痛教訓，我們不能不引以為戒呀！

　　由此可見，我們必須尊重自然，按照客觀規律去做事，只有這樣我們的一切活動和行為才不會有偏差，才不會無價值，才不會違背大道的宗旨而受到懲罰。大道看似無為而有為，看似無形而有形，看似無眼而有眼，它時刻關注著世間萬物的一舉一動。正如我們所說的「離地三尺有神明」，不管我們的行事是正確的還是錯誤的，大道都看得一清二楚，它都會有所反映和評判，而且它的反映是自然而然的，它的評判是公正不偏的。所以老子主張：人法天、天法道、道法自然。順而言之，就是人類更要向自然學習，臣服於自然的治理，效法大道的無為和無

言，才能順天道而昌盛，而這也是做事成功的關鍵。

我們臣服於自然，才能感受到自然寬廣的胸襟；才能領略到自然相容萬物的寬宏。這樣我們才能受到自然的啟迪，擁有博愛的精神和平常之心，才能在為人處世的時候與自然規律相融，萬事也就自然順利了。而我們向自然學習，才能從中領悟到許多生活的道理。比如自然界中弱肉強食：大魚吃小魚，小魚吃蝦米，蝦米吃淤泥，雖然有些殘酷，但是它們組成了生物鏈，在周而復始地循環，沒有一點浪費。我們看到大草原上，各種動物在一起，悠閒自得地吃著自己喜歡的食物，嬉笑玩耍，是多麼的自然和諧，平等自由。我們看到花的綻放，那樣的美麗鮮豔，供人觀賞，供給蜜蜂和蝴蝶食物，而不求回報。由這一切，我們看到了自然的偉大以及人類的渺小，我們只有認真地體會和了解自然，才能對人生有更明確的理念；才能夠認識到我們的價值和尊嚴。了解每個人都有決定自己如何生存的權利。才能對生活充滿希望和激情；才能看清虛偽與真實，分清光明與黑暗；才能使我們滿懷熱情充滿正義感；才能使我們的社會更安定，生活更祥和！

因此，遵循大道的無為，嚴守自然的規律，放棄我們的強制理念，對人對物都不加干涉，順其自然地工作和生活，這樣不僅生活是幸福快樂的，工作也是順利成功的！這就是我們人生卓越的奧妙所在。

第三十八章　上德不德

上德不德，是以有德。
下德不失德，是以無德。
上德無為而無以為，下德為之而有以為。
上仁為之而無以為，上義為之而有以為。
上禮為之而莫之應，則攘臂而扔之。
故失道而後德，失德而後仁，失仁而後義，失義而後禮。
夫禮者，忠信之薄，而亂之首。
前識者，道之華，而愚之始也。
是以大丈夫處其厚不居其薄；處其實，不居其華。故去彼取此。

上德不德，	上等的品德是不自恃有道德的，
是以有德。	因此才會具有真正的道德。
下德不失德，	下等的品德是強迫自己不失去道德，
是以無德。	因此才沒有真正的道德。
上德無為而無以為，	有上等品德的人順其自然，不顯示自己的作為，
下德為之而有以為。	有下等品德的人強制自己，並顯示自己的作為。
上仁為之而無以為，	真正的仁者有所作為，但是無意而為，
上義為之而有以為，	真正的義者有所作為，並且是有意而為，
上禮為之而莫之應，	真正的禮者有所作為，如果無人回應，
則攘臂而扔之。	就會動手強制他人服從。
故失道而後德，	因為有所為才失掉道，道失去了才開始有德，
失德而後仁，	喪失了德而後才開始有仁，
失仁而後義，	丟失了仁而後才開始有義，
失義而後禮。	沒有了義而後才開始有禮。
夫禮者，	說到禮，
忠信之薄，	標誌著忠實誠信變得薄弱了，
而亂之首。	而且是混亂的禍首。
前識者，	前面所講的仁、義、禮，

道之華，	只不過是道的虛華現象，
而愚之始也。	其實是愚蠢的開始。
是以大丈夫處其厚，	因此大丈夫應身處德厚的地方，
不居其薄，	不居住在德淺薄的地方，
處其實，	存心與樸實的交往，
不居其華。	不與浮華的往來。
故去彼取此。	所以要捨棄淺薄與浮華，而取得敦厚與樸實。

【智慧解析】

從這一章開始是老子《道德經》的第二部分，——《德經》。《道德經》的第一部分主要是講述大道的準則，告訴我們大道自然的規律，使我們對道有了深刻的了解和認識，讓我們的行為更能與道相同，從而得到更多的快樂和幸福。因此我們對第一部分稱為《道經》，也就是天道。而第二部分《德經》將為我們的行為提出更準確的法則，幫助我們更有效地與大道相融，使我們的人生少走彎路，也更有意義，也就是人德。

天道與人德是相輔相成的，是相互依存、共同發展的，是無法分開單獨存在的。而這也就是老子哲學體系的整體，也是《道德經》的根本所在。

作為《德經》的開篇章，老子首先為我們闡釋了有德與無德的概念和差異。老子告訴我們具有高尚德性的人，根本就沒有有德與無德的概念，也從來不會去追求表面上的「德」。因為大道是無聲無名的，而與大道相輔相成的大德也同樣是無聲無名的，一切都是自然而為，沒有絲毫的做作。就像真正有錢的人，錢對於他們來講不過是數字的積累，所以他們不用採取任何方式來顯示自己的富有，別人也自然知道他們有錢，如比爾‧蓋茨、李嘉誠等人。反之，不具備這種高尚德性的人，就會不斷地去刻意修飾，以各種形式來告訴人們他是有德之人，但往往是

適得其反。就像一個醜女無論如何化妝，也仍然是個醜女，不會變得美麗，就算現今的科技發達，可以通過各種手術來把一個醜女變漂亮，但是她的基因不會改變，她原先留存在人們頭腦中的記憶不會改變，她自然還是醜女。因此這裏給我們提出了一個很深刻的不容人迴避的問題，那就是我們該怎麼做人，該置身何處？

在這個嘈雜的世界上，人是分等級分層次的，不承認這一點是不現實的。也正因為這一點才使我們有了分別心和虛榮心，才使我們有了各種各樣的概念。比如當年達摩祖師剛從印度來到中國，去拜見當時的梁武帝，希望梁武帝能夠幫助他興建廟宇，而梁武帝卻問他：「朕營建廟宇普度僧侶，是不是有很大的功德？」梁武帝首先想到的是功德，認為如果能有功德就可以成佛，那麼就興建廟宇；如果沒有功德成不了佛，那還興建廟宇幹什麼。他有了這種概念，那他的一切作為都是有目的的追求，不是發自內心的意願，也不是自然而然的行為，就算有功德也變成沒有功德了。因為一旦為了名利去做事，那就受到執著心的限制，是很難取得成功的，就算成功了也只會為狂傲增加資本，不會帶來品德上的修為。正如古人說的：有心為善，雖善而不賞；無心為惡，雖惡而不罰！是同樣的道理。

老子曾說：人，不管你是在哪個地位上，不管你是從政、從文、從工、從軍、從事農桑，最關鍵的還是看你有沒有道，有沒有德。如果你在道德之外，縱然你身居高位、腰纏萬貫，也不如街上一乞丐。我們如果以虛榮為本、以貪婪為友、以虛偽為根，那麼我們就遠離了道德，就算我們行善，也是為了目的而為，那也不是道德的本意。我們為了目的而從事的所有行為，都違背了大德的自然性，都是一種強制施與的行為，它們不能稱之為真正的德行，只能歸屬與「仁」、「義」、「禮」的範疇之列。而這三種行為方式只是表現了我們的虛榮、貪婪和虛偽，只不過是程度不同而已，它們都是有所為而為的。一旦它們的表現達到一

定程度，也就是說，這種強制性完全佔據了我們的行為，那我們的心靈也就完全歸屬於不道德，而這就是使我們內心品行混亂和骯髒的原由！

所以真正的大德是自然而為的，所有的行為都是沒有目的，無須強制，是我們應該崇尚的標準。但是由於我們的世界是有概念的，所以就不得不有所規矩，用規矩來規定行為，然而如果每一個行為都要有所規定的話，那麼我們所表達的只有簡單的肢體語言和自欺欺人的虛偽了！

第三十九章　以賤為本

昔之得一者，天得一以清；地得一以寧；
神得一以靈；谷得一以盈；萬物得一以生；侯王得一以為天
下正。
其致之一，天無以清，將恐裂；
地無以寧，將恐廢；
神無以靈，將恐歇；
谷無以盈，將空竭；
萬物無以生，將恐滅；
侯王無以貴高，將恐蹶。
故貴以賤為本，高必以下為基。
是以侯王自謂孤寡不穀，此非以賤為本耶？非乎！
故至譽無譽，是故不欲如玉，珞珞如石。

昔之得一者，	自古以來能與道成為一體的，
天得一以清；	天與道同一就變得清明；
地得一以寧；	地與道同一就變得安寧；
神得一以靈；	精神與道同一就會有靈氣；
谷得一以盈；	河谷與道同一就能夠充盈；
萬物得一以生；	萬物與道同一就會生機盎然；
侯王得一以天下正。	君王與道同一就能使天下安寧。
其致之一，	由此我們就可以得到一個結論，
天無以清，將恐裂；	天如果沒有得到清明，恐怕就要崩裂；
地無以寧，將恐廢；	地如果沒有得到安寧，恐怕就要廢棄；
神無以靈，將恐歇；	精神如果沒有得到靈氣，恐怕要消失；
谷無以盈，將恐竭；	河谷如果沒有得到盈滿，恐怕就要涸竭；
萬物無以生，將恐滅；	萬物如果沒有得到生機，恐怕就要滅亡；
侯王無以貴高，將恐蹶。	君王如果不能使天下安寧，恐怕就要傾倒。
故貴以賤為本，	所以真正的尊貴是以卑賤為根本的，

高必以下為基。	真正的高尚是以低下位為基礎的。
是以侯王自謂孤寡不穀，	因此君王才會稱「孤」、「寡」、「不穀」，
此非以賤為本耶？非呼。	這不是以卑賤為根本嗎？不是嗎。
故至譽無譽。	所以最高的榮譽是不需要稱讚的。
是故不欲如玉，	所以不希望華麗光潔得像玉一樣，
珞珞如石。	而寧願堅實踏實得像石頭。

【智慧解析】

我們經常說某某人缺德，但是何謂缺德？又為何缺德呢？這要從人類自身的欲望說起了。因為我們的身心受著欲望的左右，為了添滿欲望這個無底洞，我們就不得不去追求、去索取，就會有分別心和執著心。分別心使我們只追求和索取自己喜歡的，而不去追求自己不喜歡的；執著心使我們不擇手段、費盡心機。而大道與大德是無言無為的，是沒有分別、自然而然的，它們無處不在，無所不在，也就不會有所喜歡或不喜歡；而萬物都是由它們衍生出來的，也就不存在追求與索取，自然也就不會有執著心。由此來說，人類的行為是脫離了大道與大德的準則，違背了大道與大德的自然規律，大道與大德沒有在我們身上表現，也就是說我們缺乏道與德。

那麼我們拋棄欲望，擺脫欲望的束縛，就可以擁有道德，也就不再缺德了？可以這麼講。但是做到這一點卻是不可能的，因為人是不可能沒有欲望的。我們人要是沒有欲望，那麼與枯木、碎石、垃圾又有何分別呢？而且從某種意義上說，社會的不斷進步正是因為有欲望做原動力。我們正是為了達到某種目的，才去努力追求與探索的。而也正是一個欲望接著一個欲望，才構成了人類進步的歷程。所以有欲望並不完全是錯誤的，關鍵是看我們的欲望是正義的還是邪惡的。正義的欲望是好的，可以幫助我們前進，會使我們不斷的向上，會使社會更穩定。比如

對知識的渴求，對人生的探索等。而邪惡的欲望是壞的，會導致我們後退，使我們越來越無恥，會使社會更混亂。比如貪欲、物欲等。

因此不要使我們的欲望侵害到別人，包括大自然中的所有生物，那麼就算有欲望，也還是遵循大道與大德的法則的，是沒有違背大道與大德而存在的。我們都有欲望，為了自己的欲望，而影響或損害了別人，包括大自然中的所有生物，哪怕是一草一木，那就是違背自然規律的行為，是缺德；為了一己之私，而影響和損害了公眾的利益，是缺德；為了眼前的私利，影響和損害了社會的長遠利益，是更大的缺德。

其實，不僅人類有缺德的表現，連天地萬物都有缺德的現象。拿天來說，渾然一體，夏天落雨冬天降雪，夜晚星雲散布各居其位，白天陽光高照，白雲漂浮，這時的天表現著道德的規律，是清明亮麗的。但是冬天下雨，夏天下雪，隕石橫空，烏雲堆積大雨連綿，日久不歇，這時天就違背了道德的規律，就是缺德的，如果總是這樣，那麼早晚天也會崩裂。那麼地的得道則表現在，水清草綠，百花齊放，鳥獸各自為地，安樂自由，萬物生機盎然，人也快樂逍遙，一派繁榮昌盛、和諧安寧的場面。而地要是失道而缺德，就會山崩地裂，洪水肆虐，飛沙走石，所有的植物動物都慘遭滅絕，人也很難苟且偷生，萬物無存，這樣地也就不稱之為地了，也許會變成月球。

天和地都有背道離德的時候，那我們人偶一失德，也是可以原諒的。但是不能長久地心存虛偽與狡詐，不能一直離德背道，那樣我們也就無法長期生存了。因此最關鍵和最根本的不是戒除欲望，也不是緊追道德，而是我們的心向，也就是說，我們的心採取的是何種欲望。是不是能使那份原始的純淨欲望得以保持，是不是使我們的心態能維持最初的存在方式，不沾一絲污濁。最後我們要明確的一點是：我們既不做美玉，也不做頑石，我們只做自己，保存著那顆擁有正義欲望的心靈，並使它更清澈、更堅實！

第四十章　有生於無

反者道之動，弱者道之用。
天下萬物生於有，有生於無。

反者道之動。　　　　　循環往復是道運動的規律。
弱者道之用。　　　　　柔弱是順應道的發展變化的作用。
天下萬物生於有，　　　天下萬物都自有中出生，
有生於無。　　　　　　而有卻是由無中生出的。

【智慧解析】

　　我們都見到過蛇蛻皮，蛇在每一次長大的時候都會蛻一次皮，皮留在地上或樹梢上，而蛇卻無影無蹤了。如果不是親眼看見一條蛇蛻皮，那我們根本無法知道是那一條蛇留下的。不管是哪條蛇留下的都一樣，蛇蛻皮代表一條蛇在長大，而也表明那條蛇就要死了。蛇是萬物中的一員，也是道的載體。它秉承道而生，又秉承道而死，它的生的開端也是死的開始！所以它的每一次長大都是向死亡邁進。人類也是一樣，從我們的第一聲啼哭開始，不僅證明了自己的生，也證明了我們將會死去。如果我們不出生，也就不會有死亡。所以死亡是一個過程，而不單是一個結果。就像太陽早上從東方升起的時候，已經預示著它將在西方隱沒，而從東到西的這一段時間裏，就是一個從有到無，從生到死的過程。但太陽在第二天又會由東方升起，表明它的繼續；人在死前也留下了自己的後代，來繼續人類的存在。世界就是這樣的，在生生死死，死死生生之中循環不斷，持續往復，用無窮盡的運轉著。

　　由此我們明白了一個道理，那就是世上的一切事物，都是向著對立面轉化的。就是說，從一開始，它就走向它的反面。有生就有死，有死就有生。生象徵著有，死代表著無，而這個有是從無開始的。比如老子，世上本無老子，他出生後就有了老子，老子是從無到有的，有是從無中生出來的。而我們經常說無中生有，就是這個意思。

　　這也使我們明白了大道也是有運動方式的，它表現在萬物的生生死死之上，從無到有，從有到無。人是這樣，自然界的萬物都是這樣，包括一草一木，都顯現著道的循環。所以也才會有這樣的詩句：離離原上草，一歲一枯榮。由此我們看到了大道的德性，像一隻沒有開端，也沒有完結的圓環，轉動不止，永不停息，並且無欲無求，柔軟自然，不受任何事物的左右，也不左右任何事物。所以人類在自己的人生軌跡上，

延續生死循環的過程中，應效法大道的延續，順應大道的自然柔順，才會平安順利，無災無難。

　　也就是說，我們是順道而生，也應順道而死。在這一生中，名利是過眼雲煙，生不帶來，死不帶去，又何苦爭奪不休，徒勞神傷呢？而往往就是在爭奪這些背離道德的東西時，會生出許多禍端來，導致自己的煩惱，甚至危及生命，即使爭奪到了，又有什麼意義呢？至多還是一具臭皮囊而已。所以有一位名人說的話很符合大道的德性，也給我們帶來一些啟迪。這句話是這樣的：人一生下來，就是相互牽著手一路奔向死亡，那麼在路上又何苦互相殘殺呢？和平無爭的相伴總要好過你爭我奪的拼鬥吧？

第四十一章　大器晚成

上士聞道，勤而行之；
中士聞道，若存若亡；
下士聞道，大笑之──不笑不足以為道。
故建言有之：明道若昧，進道若退，夷道若纇；
上德若谷，大白若辱；
廣德若不足，建德若偷；
質德若渝，大方無隅；
大器晚成，大音希聲，大象無形。
道隱無名，夫唯道，善貸且成。

上士聞道，	上等道性的人聽了道，
勤而行之。	勤奮努力地去實踐它。
中士聞道，	道性中等的人聽了道，
若存若亡。	或信、或疑它是否存在。
下士聞道，	道性貧乏的人聽了道，
大笑之。	放聲大笑地嘲笑它。
不笑不足以為道。	不被這種人嘲笑就不足以為道了。
故建言有之：	因此古人就立言說：
明道若昧，	光明的道好像昏暗陰昧，
進道若退，	前進的道又好像在後退，
夷道如纇，	平坦的道好像高低起伏，
上德如谷，	崇高的德好像低窪山谷，
大白如辱，	最純潔好像含垢那樣，
廣德若不足，	寬廣的德好像有所不足，
建德如偷，	剛健的德好像怠懶柔弱，
質德若渝，	純真質樸的品質好像有些渾濁，
大方無隅，	最大的方正好像沒有邊角，
大器晚成，	貴重大型的器物是最晚完成的，

大音希聲，	最大的聲音反而聽不到聲音，
大象無形，	最大的形象反而看不到形狀，
道隱無名。	大道幽隱而無名無形。
夫唯道，	也只有大道，
善貸且成，	才能使萬物善始善終。

【智慧解析】

在萬物中，只有人類是與大道、蒼天和大地並列為宇宙四大，所以老子認為應該把人單獨挑出來，單獨劃為一類。因為人是萬物之靈，人能夠主動地了解、認識和順應道，也能夠主動地拋棄、背離和指責道。人類相比於一些動植物來講，要晚很多年來到這個世界上，但我們為什麼能夠比其他生物先進和發達呢？是因為我們形成了自己的思想意識，並通過這種意識，發明及善於使用工具。更重要的是我們語言體系的形成要比任何一個物種都發達和先進，它的作用已經不是單純地召喚同伴、表達情緒和示威恐嚇了。它已經成為我們傳遞思想，表達情感和釋放心境的工具。也正因此而使人類大器晚成，成為世間萬物中最有靈性和最具發展的生物。也正因此使我們有了一種優越感和自豪感，導致了我們的自大和狂傲，甚至不把創造萬物的大道放在眼中，甚至有人還會懷疑和否定它的存在。

其實，我們沒有必要把自己看得過高，我們是創造了語言，但就真的善於使用語言嗎？有人說這還用問，當然善於使用了。其實不然，語言只不過是個空殼子，而內在的修為和思想才是關鍵，如果沒有好的修為和豐富的思想，語言也只不過是嘴巴開合時發出的不同音階而已。要不我們怎麼老是聽到一些廢話、假話、空話和無聊之辭呢？這就好比游泳，人在順應了水性的同時，還希望能夠駕馭水性，但是還是有不少人投水而死。我們可能會說那些都是不會游泳的，但往往淹死的人大都是

會游泳的。世界上的事往往都是這樣,那些自以為是的人早晚會毀滅在自己的小聰明上,而那些真正明瞭大道的人,也許看上去很呆笨,甚至就是一個聰明人認為很簡單的問題,需要很長時間才能搞清楚,也許他們不如那些聰明人成功得快,但是他們卻能比那些聰明人成就更大的榮耀,也擁有得更長久。

其實,大道是看不見的水。老子把這片煙波浩淼的水指給我們看,至於我們是否能看得見,那就是個人的事了。就像我們每天都在呼吸的空氣一樣,有多少人能夠看見空氣呢?就像我們周圍的各種聲音,又有幾個人能看見聲音呢?這就只有依靠我們自身的悟性了。悟性高的人不僅能看到水,還能了解水,更能適應水,最重要的是還能知道水是會淹死人的。而悟性一般的人,就會懷疑水是不是真的能淹死人,甚至懷疑水的存在。最可悲的是悟性低下的人,不僅不相信水會淹死人,甚至否認水的存在,其結果就是溺死在水中。因此成就人類成為萬物之靈的不是語言,也不是會使用和創造工具,而是我們的悟性。如果人沒有悟性,就不可能成其為人了。就算成其為人,也是蠢笨如豬的人。越是蠢笨如豬就越是沒有悟性,越是沒有悟性,就越是蠢笨如豬。大道循環往復就是這樣表現的。

為什麼人類的悟性會有差異呢?那是因為我們的認識是有局限性的,我們的智力也是有局限性並存有差異。而且,由於我們的生理狀況的不同,感知上也會有局限性和差異。大家都聽過盲人摸象的故事:說有四個盲人,聽別人說大象是陸地上體型最大,也最重的動物,大象有一個長長的鼻子,四條又粗又壯的大腿,身子像一堵牆一樣。於是他們就找到一個訓象師,懇求他讓他們摸一摸大象,好有一個感性認識。訓象師把他們領到一頭大象跟前,讓他們自己去摸,他們就摸上去,一個抱住了大象的腿,一個拿住了大象的鼻子,另一個抓住了大象的尾巴,最後一個揪住了大象的耳朵。他們各自把自己手中摸到的大象部位仔細

地摸了幾遍後，那個抱住腿的說大象像一根柱子；而拿住鼻子的說大象像一條粗長蟲；抓住尾巴的則說大象像一條破繩子；最後揪住耳朵的則說大象像一把大扇子。他們各持己見，都說自己摸到的是真正的大象，都說對方是在胡說，也不相信別人說的大象的樣子了。

我們會覺得這四個盲人可笑之極。自己感覺到的不等於別人感覺到的，即使是別人感覺到的，也不等於是全部。其實我們不應該嘲笑這四個盲人，因為我們每個人都是程度不同的瞎子。我們還是程度不同的聾子。我們只能看見我們所能看見的，而看不見我們看不見的。我們只能聽見我們能聽見的，而聽不見我們聽不見的。我們只能感覺到我們所能感覺到，而感覺不到我們感覺不到的。聽起來有點像繞口令，然而事實就是這樣。每個人看到的、聽到的和感覺到的都有所不同，所以我們的世界也是不同的，我們的處世態度不一樣，最終使我們的發展也是不一樣的。胸襟寬廣、悟性高遠的人可以砥礪山河，氣吞萬里如虎；心量狹窄、悟性低略的人可以將一顆芥菜籽兒看成大山。為爭奪一顆白菜不惜流血的人，在大事上往往糊塗得有如爛泥；而在小事上馬虎的人，有時卻是大智若愚的貴重之士，甚至能成就豐功偉業！

第四十二章　損之而益

道生一，一生二，二生三，三生萬物。
萬物負陰而抱陽，沖氣以為和。
人之所惡，唯孤寡不穀，而王公以為稱。
故物或損之而益，或益之而損。
人之所敬，吾亦教之：
強梁者不得其死，吾將以為教父。

道生一，	道產生初始的一，
一生二，	初始的一又生出陰陽的二，
二生三，	陰陽的二又產生出混合的三，
三生萬物。	混合的三產生出萬物。
萬物負陰而抱陽。	萬物內部都包含著陰陽兩個方面。
沖氣以爲和。	在陰陽相交的衝突中產生和諧。
人之所惡，	人們所厭惡的事物，
唯孤寡不穀，	就是孤獨（孤）、寡歡（寡）、不圓滿（不谷），
而王公以爲稱。	然而王公卻用這些詞兒來稱呼自己。
故物或損之而益，	所以事物有時減損卻得到增益，
或益之而損。	有時增益卻受到損害。
人之所敬，	別人這樣教導我
吾亦教之。	我也用來教導別人。
強梁者不得其死。	強橫霸道的人是不會好死。
吾將以爲教父。	我要把這種道理作為施教的開端。

【智慧解析】

老子在此用大道的衍生規律，告訴我們萬物都在大道之中，也告訴了我們萬物是如何從大道中產生出來的。看過《易經》的人都知道《易經》中有這樣一句話：太極生兩儀，兩儀生四象，四象生八卦……。《易經》中的這個太極就是我們所說的「道」，也就是一，它是混沌的、渾圓的、沒有分割開的，是無所謂兩儀，也無所謂陰陽的一個物質。這個被稱作「一」的是個自然形成的東西，它就是道，道就是它，是它生成了道，也是道生成了它。就像人在未出生前，剛在母體中著床時一樣，是個單核的細胞組，辨別不出是男是女，也沒有姓名，直到出生以後，才知道了性別，也擁有了名字。這個被稱作「一」的物質，後來就裂變為陰陽兩個部分，就像太極生兩儀一樣。在我們古老的神話傳說中，有一個叫盤古的人，是他用大斧劈開了天地，天地一分，「一」也就被分開了，變成了「二」，也就分出了陰陽。「輕清上升者為陽、為天，沉濁下降者為陰、為地」。由於人們也將陽比喻成男性，把陰比喻成女性，男性負陽剛之氣，女性有陰柔之美，古人還認為天地分而萬物始，所以也將天稱作父，將地稱為母。有了天有了地，有了男女，有了父母，而使陰陽交感，自然會有子孫繁衍生息。由此類推萬物又分陰陽男女，陰陽相交，男女相配，就有新的生命體產生。人類如此，動物、植物也是如此，世間萬物都是如此。陰陽不交，萬物不生，陰陽相交，萬物滋萌。不僅萬物相互之間是這樣，就是一個獨立的事物也是有陰陽之分的。比如一個蘋果，是一個獨立的個體，是一、是太極、是道，那麼它就有陰陽的分別，也有陰陽的交感。蘋果紅的一面就是陽，而青的一面就是陰，紅青相間的地方就是陰陽相交的所在。

陰陽是相對立的，又是相融合的。說它們對立是因為它們是分割裂變來的，具有相排斥的天性；說它們融合是因為它們是從同一個物質中

生成的，來自同一個物質：太極，也就是道，就是一。正因為它們具有的這種對立又融合的特性，才會使它們柔和在一起成為和氣，也是這種和氣，才使萬物得以安寧生存。由此來看世界說複雜又不複雜，說簡單又不簡單，只看我們是如何理解和看待問題了。

　　就拿和氣來說，人類是萬物的一員，和氣便是人氣，和氣是陰陽二氣相融而成。而人也是由陰陽而生，所以和氣為人，才是陰陽相會，才是人類的至高品性，才是合乎大道規律的。我們都知道和氣生財，和氣是我們得以平安相處的根本，是人與人、人與物和平共處的基礎。而這種根本和基礎是建立在陰陽相融上的。但是，陰陽除了相融還有對立。也就是說，還有矛盾產生，而我們應該如何對待這種矛盾呢？這就不是簡單的和氣就可以解決得了的，和氣只會使矛盾簡單化，只能讓矛盾不惡化。然而要想從根本上杜絕矛盾的發生，或是說避免產生矛盾，就只有依靠老子所說的：損之而益！也就是我們俗話說的吃虧是福。

　　甘願吃虧的人，就沒有太多的虛榮心，就不會貪圖便宜，也就不會給自己招災惹禍。所以我們不要因一時的運氣不濟或是災難痛苦而垂頭喪氣、喪失鬥志，更不要因此而斷絕希望，因為事物的發展變化都是相對的，都是不斷相互轉化的。因此就算暫時蒙受一些恥辱，遭受一些損失，也要保持一種積極平和的心態，這樣我們就會看到絢麗多彩，迎來光明與輝煌！

　　但是我們也不可因一時的榮耀和成績就驕傲自滿、不可一世，甚至看不起別人。因為我們其實並沒有值得驕傲的地方，我們都是由大道所供養，從陰陽中所誕生的，有什麼不可一世的道理呢？當我們看不起別人的時候，也同樣被別人看不起，這時陰陽就只有分割，而沒有交融，就會產生矛盾，就會使我們本來的順利和成績變成不順利和災禍的起端。所以古人說：謙受益，滿招損，這是很有道理的，這也正是老子所講的「益之而損」的真意！

第四十三章　無爲之益

天下之至柔，馳騁天下之至堅。
無有入於無間，吾是以知無為之有益。
不言之教，無為之益，天下希及之。

天下之至柔，　　　　天下的最柔弱的東西，
馳騁天下之至堅。　　能駕馭天下最堅硬的東西。
無有入於無間，　　　沒有形狀才能在沒有縫隙的東西之間穿行，
吾是以知無為之有益。我因此知道了順應自然無為的有好處。
不言之教，　　　　　沒有言語的教誨，
無為之益，　　　　　自然無為的好處，
天下希及之。　　　　天下的事物很少有能做到的。

【智慧解析】

如果讓我們說出我們認為最柔軟的東西，在腦海中能夠想到很多。比如棉花、女性的肌膚、絲綢等等，但是我們最容易想到的也許就是水和風。我們常這樣比喻一件東西，說它像水一樣的柔軟，像風一樣的輕柔；我們也經常把人們的情感做這樣的形容：似水柔情、像風一樣多情。我們認為水和風是世界上最柔軟的東西，它們無處不在，無形無相，它們象徵著大道的德行。

水的柔軟我們是清楚的，但是水的剛健我們是否看到了呢？當然看到了，要不就不會有水滴石穿這樣的成語了。這雖然表明了水的剛健，但那只是一小部分，水還有更大的剛健，比如洪水可以使房倒屋塌，樹木被推倒等等。但是我們所說的水是那種看似柔和無為，卻能無孔不入、無處不在又無所不能的水，是有質卻無形的水，是不須借形式只須借時間來證明存在的水。這樣的水是自然而然的，是擁有無限能量的。

風也是柔軟的，就柔軟而言，它比水表現得更加徹底，也更是大道的本質。水我們還能看見摸到，但是風無形無質，看不見摸不著。也許有人說風能看見也能摸到，清風拂面，不就是摸到了嗎？風吹動樹葉，從水面劃過掀起波紋，不是看見了嗎？這些只不過是風的表現形式，是讓我們感覺到它存在的一種方式。其實風還有更深刻的方式表現了它的存在和力量，狂風大作飛沙走石，這些只能呈現它的狂躁，而不能反映它的無為。它的無為表現在，能穿山透地，有力量將堅硬的剛岩石壁變得觸手就碎，這是它真正無形勝有形、柔弱勝剛強的表現。

講了水和風，它們給我們樹立了無言之行、無為而利的榜樣。其實，在這個世間這種無為的柔弱戰勝有為的剛強的例子很多很多，之所以能有這樣的事情，就是因為柔軟的事物侵入到了剛強事物的內部，從裏面使它們腐朽變質，使它們失去抵抗力。石頭說碎就碎，人說死就

第四十三章 無為之益

155

死，房子說倒就倒，都是因為這些看不見的柔軟東西侵入。剛硬的東西不怕剛硬的東西，它怕的是柔弱的東西，它尤其怕柔弱的東西侵入內部。一頭大象能捲動巨木，使虎豹生寒，但是卻對一隻小老鼠害怕得要命；人能夠戰勝猛獸，但對身體內的病菌無可奈何；堅固的大堤可以阻擋洪水的擊打，卻被小小的螞蟻毀壞而坍塌。這都是因為內部已經腐朽，已經潰爛，就算再有剛強的外表也沒有絲毫用處。

　　沒有領略大道真意的人，是無法知道和看見這些內在因素的，任何一種有形有質、剛健無縫的東西，內部都有無數細小的、柔軟的、無形的東西在馳騁，雖然我們肉眼沒有看見縫隙，並不能證明沒有縫隙，而且縫隙還大得很。當我們知道了自然無為的真諦，並能自然柔順地實踐，那我們就不需要諄諄不息的教誨了，我們只要無聲的示意、無形的動作就可以使我們得到最大的收益！

第四十四章　知足不辱

名與身孰親？身與貨孰多？得與亡孰病？
甚愛必大費，多藏必厚亡。
故知足不辱，知止不殆，可以長久。

名與身孰親？　　　　名譽與生命相比誰更親？
身與貨孰多？　　　　生命和財富相比誰更重要？
得與亡孰病？　　　　得到和喪失相比誰的害處更大？
甚愛必大費，　　　　過分貪愛吝惜必然會有大的耗費，
多藏必厚亡。　　　　過多地收藏必然會招致大的損失。
故知足不辱，　　　　所以知道滿足就不會受到侮辱，
知止不殆，　　　　　知道適可而止就不會有危險，
可以長久。　　　　　這樣才能長久。

【智慧解析】

我們從和氣的道理中明白了處世的哲學，知道了吃虧是福的真意；也從無為的角度，探討出符合大道的行為就是順其自然。這就使我們掌握了水一樣的德性，從而進一步理解了柔弱勝剛強的真髓。總之一句話：順道者生，逆道者亡。但是什麼是逆道者亡的行為呢？什麼才是順道者生的行為呢？這就還要回到人類的欲望上。

我們最不了解的就是自己，不了解沒關係，去了解不就行了嗎。然而我們還最不願意去了解自己。這是因為我們有太多的虛榮心，有太多的恥辱感，所以就特別愛面子，生怕把自己的醜惡習慣和骯髒狹隘的毛病暴露在光天化日之下，被別人瞧不起，遭到他人的諷刺，於是就會遮三蓋四、自欺欺人。我們都見過喝醉的人，你如果說他喝醉了，他肯定不承認，甚至還要跟你辯，再喝上幾杯來證實他沒醉。有的人本來膽小怕事，見到一隻小蟲子或是小老鼠都嚇得不敢動，甚至怪叫連天，但是你如果說他是膽小鬼，他肯定不高興，還要跟你爭論一番，並表現出天不怕、地不怕的樣子來。有的人大字不識一筐，還偏偏喜歡附庸風雅、談詩論道，結果是笑話百出，自己還不知道。

其實人類還是知道自己的缺點的，要不怎會有金玉其外、敗絮其中的典故；又怎會有驢糞球外面光的比喻，還有色厲內荏、外強中乾這樣的成語。但是我們為什麼還要打腫臉充胖子呢？其實這些不能怪我們，是社會逼的。

在人類社會生活中，每時每刻都要面臨抉擇，我們身為社會的一份子，不得不被社會結構和功能鍊圈所套住，想逃脫是很不容易的事情，除非我們獨自身居深山，與世隔絕，那也頂多是自生自滅，所以我們只能參與這種抉擇，去面對由此而產生的痛苦與煩惱。面對功名地位和身家性命之間的選擇，就使我們感到痛苦和不安。這種選擇如果取捨是很明顯的，倒也容易做出決定。比如有個人拿著一把刀架在我們脖子上，說要做大官就別要性命，要性命就別做官，任選其一，我們都會毫不猶

豫地選擇後者。因為我們知道如果連命都沒有了，要官還有什麼用呢？但現實生活中是不會有這樣結論明確的情況的，這種功名地位和性命之間的選擇往往是在不經意間決定的，這就看我們是否有智慧能看清真相而保全自己了。

還有一種選擇更令人難以作出準確的決定，那就是財富和生命之間的選擇。有人認為只要有了財富就會幸福快樂，就會健康平安。其實不見得，這不僅要看個人的理解程度，還要看這財富是如何得來的。有一個百萬富翁，整日病痛難忍，於是就想用自己的財富換取健康，他找到一個窮困潦倒的小夥子，看著他健康的體魄，就對小夥子說：「我是一個百萬富翁，我願意用我的四分之一的財富換取你的健康。」小夥子搖頭表示不願意，並對富翁說：「就算你用你全部的財富跟我換，我也不換，因為我不想做一個百病纏身、一點快樂也沒有的富翁，我寧可沒有錢財，但是我可以多一些健康享受生活，這是我最快樂的。」

可見，財富連健康都無法換取，就更不要說換取比健康更寶貴的生命了。但是我們還是想盡一切辦法，不遺餘力地為獲得財富而奔波，去爭奪，最後連自己的性命也搭進去了。這就是貪欲迷住了我們的眼睛，使我們喪失了智慧，做出與大道相違背的事情，才會有這樣的結果。

「人為財死，鳥為食亡」，這句話很形象地反映了人和動物都是有貪欲的，而這種貪欲導致我們的行為過分執著，背弛大道的原則，成為逆道的亡者。如果我們想順道而生，並且沒有太多的痛苦和煩惱，就要用我們的智慧在選擇時克制貪欲，讓我們的每一次選擇都符合大道的德性，都像水一樣柔軟自然地向低處流，保持一份較低的心態，收攏自己的欲望。那麼，我們在生活中的一切行為，貪財也好，圖名也罷，就都不會過分執著，也不會超越和氣無為的界限。我們就會知道滿足。知道滿足的人，是不會受欲望左右的，是不會陷入追名逐利的陷阱而遭受侮辱和痛苦的。知道把握分寸的人，是當行則行、當止則止的人，所以才能夠避免災禍，才能夠保住人的根本，才可以得到永久的歡樂！

第四十五章　大成若缺

大成若缺，其用不弊。
大盈若沖，其用不窮。
大直若屈，大巧若拙，大辨若訥。
躁勝寒，靜勝熱，清靜為天下正。

大成若缺，	最大最圓滿的成就就好像有缺陷一樣，
其用不弊，	但它不會起壞作用。
大盈若沖，	最大的充盈看起來像是空的，
其用不窮。	但它不會用盡而窮竭。
大直若屈，	最大的挺直總像要彎曲似的，
大巧若拙，	最靈巧的反而好像很笨拙，
大辯若訥。	最大的辯才好像言語遲鈍。
躁勝寒，靜勝熱，	疾動能戰勝寒冷，平靜能戰勝炎熱，
清靜為天下正。	清靜無為才能使天下安寧。

【智慧解析】

　　每個人都知道名利和財富是好東西，也知道名利和財富是得來不易的，在努力追求的過程中，以及到手擁有的時候，都伴隨著煩惱和痛苦。有的人幸運地得到了，有的人不幸沒有得到，甚至有的人悲哀地死掉了。所以老子告誡我們只有戒除貪欲，才能獲得幸福，否則就會害了自己。不管你是得到了，還是沒得到，都是一樣。但是有多少人能理解？又有多少人能夠做到呢？

　　人類的所有器官都是為了去感覺外在的世界而生長的，所以我們只知道去追求外在好的、美的，來滿足我們追求美好的願望。比如鼻子是為了分別氣味的，任何一個人的鼻子都只願意聞香的，不願意聞臭的，聞到香氣就非常滿足，聞到臭氣就異常厭惡。追求美好，崇尚高貴是好的，但是一旦將這種追求和崇尚演變成無限的欲望，就形成了貪念，也就讓我們無法正確面對現實，更無法正確面對自己。

　　俗話說：眼見為實，耳聽為虛。眼見到的就一定是實在的嗎？耳聽到的就一定是虛幻的嗎？不一定就是如此。耳聽到的不見得就是虛的，比如我們閉著眼站在水邊，聽到水流的聲音，我們能說它是虛的，能說那不是水流聲嗎？如果耳聽到的不是虛的，那麼眼見的也就不一定真實了。比如在一個大草原上，我們所看到的是一望無際、平坦寬闊的大地，是一個平面，但是實際上它卻是圓的，是一個球體，這能叫眼見為實嗎？又比如我們看到牛，知道那是牛，因為我們能夠用我們的眼力和智力把握它，從而知道哪是牛頭，哪是牛尾，而生長在牛身上的牛虱是否知道牛是一個什麼樣子呢？這就好比我們生存在宇宙中，又有誰能說清宇宙的形狀？不要說宇宙，就連我們賴以生存的地球，也是在一百多年前才弄清楚它是一個球體，而不是一個方塊。假如我們現在站在大海裏，能看清大海的樣子嗎？我們在一座大山中，又有誰能講明白這座山

的形貌呢？所以才有這樣的詩句：橫看成嶺側成峰，遠近高低各不同，不識廬山真面目，只緣身在此山中。所以我們眼見的也不一定是實在的，因為我們的眼力是有局限性的，越是大的，我們越無法看清它，越覺得它是有缺陷的。這就是老子所說的大成若缺。

其實每個人心中都有一座屬於自己的山，就看我們能不能走出山外來看自己。總是待在自己的山裏，就會用自己的山和別人的山做比較，結果發現每個人的山都不一樣，而每個人都覺得自己的山是最雄偉的，是最秀美的，從而對自己就越發的滿意，最終忘記了天外有天、人外有人。真正能夠走出來看自己的人，往往都是一些很有學問的人，這些人永遠表現得很謙遜，因為他們不僅看清了別人的山，更看清了自己的山！我們看清了山，更要看清海。大海波瀾壯闊，萬千江河都向它湧去，要論滿，它足可稱滿。可是大海從沒自滿過，仍舊是不避江河，不辭細流。海是夠大的，可是在法國作家雨果看來，海並不算什麼，他說：比海寬闊的是天空，比天空寬闊的是人的胸懷！

誠然，我們應該有這樣的胸懷，因為只有擁有這樣的胸懷，才能擁有同樣寬廣的眼力和智力，讓我們看清宇宙，看清大道，從而知道了自身的渺小；也就會使我們擁有一顆正觀自己的心，從而秉承正直之道，不自恃其強，不專橫跋扈，也不貪圖奢望。

我們之所以不能正確面對自己的原因就是浮躁，就是不能秉承正直和正觀，就是因為我們還沒有這樣的胸懷。那麼應該如何戰勝浮躁呢？老子在此最後告訴我們了一條錦囊妙計，那就是：靜能勝躁。有句俗話說「心靜自然涼」，當我們的心如天一般高遠澄靜，如海一樣深邃寧靜的時候，自然就清涼了，也自然能夠滿盈無缺了！那時我們就敢面對自己，也沒有虛榮之心了，還愁自己不能安寧祥和嗎？

第四十六章　知足之足

天下有道，卻走馬以糞；
天下無道，戎馬生於郊。
罪莫大於可欲，禍莫大於不知足，咎莫大於欲得。
故知足之足，常足。

天下有道，　　　　　　天下合乎大道，
卻走馬以糞。　　　　　戰馬便會退役下來去種田。
天下無道，　　　　　　天下不合乎大道，
戎馬生於郊。　　　　　戰馬便會在戰場上生子。
罪莫大於可欲，　　　　沒有比放縱欲望更大的罪惡了，
禍莫大於不知足，　　　沒有比不知足更大的災禍了，
咎莫大於欲得。　　　　沒有比貪心更慘痛的不幸了。
故知足之足，　　　　　所以懂得滿足的滿足，
常足。　　　　　　　　才會得到永遠的滿足。

【智慧解析】

我們都看過電影中的戰爭場面，那種屍橫遍野、血流成河的慘烈場景，讓人心寒膽顫，令人過目難忘。但是我們有沒有想過，在現實中的場面更加令人不寒而慄。這是什麼原因造成的呢？是什麼使我們人類瘋狂到自相殘殺的程度呢？是欲望，是我們貪得無厭的心態，一切災禍都來自於它。兩個人在街上同時見到地上有一個手機，這個說是他先看到的，那個說是他先看到的，你想要，他想要，彼此互不相讓，於是大打出手，有可能就會受傷或打出人命。現在有一塊土地，這個國家想要，那個國家也想要，為了這塊土地，兩個國家就要打仗，就要刀兵相見。兩個人打架，最多是這兩個人死；而兩個國家打仗，要死多少人？要毀多少資財？不管是國家還是個人，其打架的目的都是為了滿足自己的佔有欲，都是為了滿足自己的貪欲。這其實是我們人類最大的災禍和不幸。

我們的貪心是由何而來呢？從根本上講是由於不滿足、不知足。

俄國作家托爾斯泰寫過這樣一個故事：有一位農夫每天在一小塊貧瘠的土地上辛苦勞作，收成卻少得可憐。農夫的不幸得到了一個天使的憐憫，天使對農夫說，只要他努力向前跑，所經過的土地，無論多大，全部都歸他所有。農夫喜出望外，興奮地向前跑去。他不停地跑啊跑，跑累了想停下來休息的時候，突然想到家裏妻子兒女們期待的眼神，於是又接著跑下去；實在跑不動時，農夫又想到要為將來年紀大了時攢一些養老的錢，就又拖疲憊的身體向前跑去……最後，他終於因為體力不支而倒在了地上死了。不知足注定要搭上性命，因為它是一個可怕的陷阱，一旦掉進去，撈出來的就只是一堆骨頭！

還有一個故事是這樣的，有兩個人來到一座梨園，看到裏面的梨子成熟了。於是就和主人商量，可不可以摘兩個嘗一嘗。梨園的主人同意

了，但是只許一人摘一個，不論大小，而且還要在規定的時間內出來。第一個人走進梨園後，就不停的尋找，希望找到一個最大的梨子。於是他就在不斷的挑選中放棄了很多大梨子，到了規定的時間，他還沒有找到，最後只能是隨便摘了一個走了出來。第二個人走進梨園後，就隨便的挑選了一個看上去挺大的梨子，然後悠閒的欣賞梨園的風景，到了規定的時間後就走出了梨園。兩個人把自己摘的梨子做了一個比較，結果第二個人的比第一個人的大了很多。

這兩個故事分別說明了貪婪和不知足的後果，而老子也告訴了我們，貪心和不知足只會給我們帶來不幸和災難，不會給我們帶來一絲一毫的好處。只有知道滿足，才不會貪心；只有知道滿足才會得到永遠的滿足和幸福！這就是知足者常樂的真諦。讓我們記住這樣一句話：世界可以滿足我們的需求，但無法滿足我們的貪欲！

第四十七章　不爲而成

不出戶，知天下；
不窺牖，見天道。
其出彌遠，其知彌少。
是以聖人不行而知，不見而名，不爲而成。

不出戶，	了解大道的人不用走出家門，
知天下；	就可以知道天下的事情；
不窺牖，	不需要向窗外觀看，
見天道。	就可以知道自然規律的變化。
其出彌遠，	走得越遠，
其知彌少。	對事物真相就了解得愈少。
是以聖人不行而知，	所以聖人不用遠行而可以知道真相，
不見而名，	不用親見其物而可以知其名，
不爲而成。	不故施作爲而可以成功。

【智慧解析】

　　我們從《道德經》上認識老子，也就是兩千多年前的那個叫李耳的老者，他因為得「道」被後人稱為聖人，還被供奉加爵為太上老君，不知老子在天有靈的話會如何感受。老子確實是聖人，他可能不是第一個得「道」的人，但是他卻是第一個講「道」的人，他將「道」廣播於天下，希望天下人都能得「道」。但老子沒有強迫我們的意思，只是把他的思想和對「道」的感悟自然而然地說出來，聽不聽是自己的事，願意聽就多聽點，不願意聽就少聽點或不聽。不用擔心老子會像老師那樣把我們集中到一個屋裏，一堂課五十分鐘地講解，不聽都不行，課後還要做練習和考試，看我們學會了沒有。老子之所以是聖人就在於他與大道是同一的，他的一切行動都與大道的德性相同，是無為而為，因此有沒有人聽老子都無所謂，有一個人聽老子也是知足的。老子讓我們看到了人是應該合乎自然天道，那樣就不會有執著心，也不會因強行作為而招災惹禍、自尋煩惱了。

　　當我們同於大道的狀態以後，自然也會像大道一樣與萬物融為一體，那時我們即是萬物，萬物即是我們，還何愁不知與不能呢？但是我們是有缺陷的，那就是我們總認為自己是萬物之靈，是不同於其他事物而自成一體的，是不可能與萬物相等同的，因此我們就一直在想如何能戰勝自然，擺脫自然對我們的束縛。其結果就像口渴了就要喝水，肚餓了一定要吃飯一樣，是不可能違逆的，因為人類也是自然的一員，口渴和肚餓也屬於自然規律。其實自然規律根本就沒想約束我們，它的一切都是自然而為的，就像我們的眼睛是用來看東西的，而耳朵是用來聽聲音的一樣，都是自然而然的。只是我們自己有了分別心，認為自然規律在控制我們，拼命想甩掉這個包袱，但是又甩不掉，就像我們不可能讓眼睛聽聲音，讓耳朵看東西一樣，是不可能改變的事實，為此我們就在

自尋煩惱，自找痛苦。

　　古時候，有一個獵人捕獲了一隻能說七十種語言的鳥。「放了我，」這隻鳥說，「我將給你三條忠告。」「你先告訴我，」獵人回答道，「我發誓聽完我會放了你。」

　　「第一條忠告是，」鳥說道，「做事後不要後悔。」

　　「第二條忠告是，如果有人告訴你一件事，你自己認為是不可能的就別相信。」

　　「第三條忠告是，當你爬不上去時，別費力去爬。」

　　說完，鳥對獵人說：「放我走吧。」於是，獵人信守諾言，把鳥放走了。

　　這隻鳥飛起後停在一棵大樹上，向獵人大聲喊道：「你真是個笨蛋！你放了我，可是你並不知道在我的嘴中有一顆價值連城的大珍珠。正是這顆珍珠使我這樣聰明。」

　　這個獵人聽後非常後悔，很想把這隻鳥再捉回來。他跑到樹下開始爬樹。但是，當他爬到一半的時候掉了下來，並且摔斷了雙腿。

　　鳥嘲笑他說：「笨蛋！我剛才的忠告你全忘記了。我告訴你一旦做了一件事情就別後悔，而你卻後悔放走了我；我告訴你如果有人對你講你認為是不可能的事，就別相信，而你卻相信像我這樣一隻小鳥的嘴中會有一顆很大的珍珠；我告訴你如果你爬不上去，就別強迫自己去爬，而你卻試圖爬上這棵大樹，結果掉下去摔斷了雙腿。」說完，鳥飛走了。我們每一個人都應該記住這隻鳥的忠告。

　　其實大道也給了我們這樣的警示，告訴我們要合乎自然法則做事，就會與自然相通，知道天下萬事萬物是分類的，它們的發生、發展、結局都自有規律。我們只需一心守住自己，使自己的心變得清淨，讓這顆清靜的心與道融為一體，那我們就可以從一件事上推知其他所有的事，就可以從自己身上推知其他的人。這樣我們還用出門嗎？還會四處亂闖

嗎？還會像那個獵人一樣犯錯誤嗎？

　　一顆平靜的心就是明鏡，止水尚能映物，何況精神？所以真正擁有智慧的人，會像老子所說的那樣，不用出門就可以知天下事；不用向窗外看，就能夠明白自然循環的規律，不刻意去做卻自然會得到成功！

第四十八章　為學日益

為學日益，為道日損。
損之又損，以至於無為。
無為而無不為。
取天下常以無事，及其有事，不足以取天下。

為學日益，	追求學問，學問就會與日俱增，
為道日損。	體悟大道，欲望就會與日俱減。
損之又損，	減少又減少，
以至於無為。	從而達到順應自然的無為境界。
無為而無以為。	順應自然的作為是無所不能的作為。
取天下常以無事，	治理天下就永遠不要干擾它自身的運行，
及其有事，	偏要人為的去干擾它自然的運行，
不足以取天下。	那就不能夠長久地治理天下了。

【智慧解析】

老子在上一章中提到，出門尋「道」等於緣木求魚，是不可能得「道」的。那也就是說坐在家裏不出門，就能夠得「道」了？其實不是這樣的。如果是，那麼癱瘓在床的人應該是最容易得「道」的。

老子所說的出門與不出門，不是指形式上的在家裏或到他鄉，而是意識上的。意識上不要出外尋求，因為「道」沒有在外面，「道」在我們的心中，也就是說精神上要內守。佛家講：「天下眾生皆是佛，誰是佛，我就是佛」。只要我們心中有佛，自己就是佛，不用去拜別人，拜自己就可以了。同理，心中有「道」，自己就是「道」，心中無「道」，即使四處尋求，也不可能得到。

我們從小就是在不斷的學習中成長，隨著年齡的增加，知識也越來越豐富，經驗越來越多。所以我們是在學習中了解世界，探索和追求客觀事物的發展規律的，它對人類的生存和發展是有著重要意義的，因此是要在不斷增長中積累和鞏固。當我們的知識積累得越多，越接近認識自身和宇宙真理的時候，我們會發現知識是無盡頭的，是永遠不可能完結的。就像一束光，我們可能知道它的開始在哪裏，但它的結尾在哪裏我們就無法知道了。而知識似乎連開始都沒有，更不要說結尾了，所以我們的學習只能是在日益加深中，不斷地被探索。

但是由於知識的增加，使我們越發地向外探索，諸如外地、外國，甚至外太空，卻忽略了自身的東西，也就是我們的心。隨著知識的豐富，我們的心也越來越混亂，分別心也就越重。而我們的欲望在不斷的探索中沒有得到滿足，就越發地去探索未知，也就更加的不知了。因此才會有這樣的歌詞：外面的世界很精采，外面的世界很無奈！我們對知識的渴求，使我們走出門去，去拜別人，去四處尋找，我們的意識也隨著一起到外面去遊逛，因此遠離了對內心世界的安慰，使我們的心靈處

在一種煩躁和不安靜的狀態中，就遠離了大道的規則。我們是被知識所阻礙，本來知識是幫助我們認知世界的，但是由於執著使我們產生了局限性和分別心。因此只有去掉自己的分別心，才能擺脫局限，不再受欲望的束縛，才能秉承大道的德性，沿襲自然的規律，使自己的心得以清淨，使自己的世界得以安寧，從而達到自然而然的境界，就能使自己的心靈和世界融為一體，成為永恆。

有這樣一個故事：一位父親正忙著工作，他的小兒子卻在旁邊吵吵鬧鬧。父親無可奈何，隨手拿出一本舊雜誌，把雜誌中的一張色彩鮮豔的插圖——一幅世界地圖，撕成大小不等的碎片，拿給兒子，說：「小傢伙，如果你能把這張地圖拼好，我就給你五元。」

父親以為這樣會使兒子老老實實地花上一上午時間。因為，對於一個七歲的孩子來說，要把那麼零亂的世界地圖碎片復原，可不是一件輕鬆的事情。

然而，沒過十分鐘，兒子就跑過來敲他的房門。父親看到兒子居然如此快地拼好了一幅世界地圖，感到十分驚奇，問道：「兒子，你怎麼這麼快就拼好了地圖？」

「啊，」兒子回答說，「是這樣，這張地圖的另外一面是一個人的照片，我就想如果把這個人正確的拼到一起，那麼背面的地圖也應該是正確的。」於是，父親給了兒子五元。

這個小孩給了我們一種啟示，不要過分執著於我們所做的事，順其自然就不會陷落到世界的雜務中，找到正確的人性，就會與大道同步，就能夠擺脫欲望的纏繞，自然也就得到了正確的世界！所以不管是增益還是減損，都要順其自然，不可執著，才能一步步穩固地達到目的！

第四十九章　聖無常心

聖人無常心，以百姓之心為心。
善者吾善之，不善者吾亦善之，德善；
信者吾信之，不信者吾亦信之，德信。
聖人在天下歙歙，為天下渾其心。
百姓皆注其耳目，聖人皆孩之。

聖人無常心，	聖明的人常常是沒有私心的，
以百姓之心為心。	只以百姓的心願為自己的心願。
善者吾善之，	對善良的人我便以善良相待他，
不善者吾亦善之，	對不善良的人我也以善良相待他，
德善。	人人同善同德。
信者吾信之，	對誠信的人我信任他，
不信者吾亦信之，	對不誠信的人我也信任他，
德信。	人人同信同德。
聖人在天下歙歙，	聖明的人與天下人和順一致，
為天下渾其心。	使天下人的心靈歸於淳厚質樸。
百姓皆注其耳目，	天下人都豎著耳朵睜亮眼睛，
聖人皆孩之。	聖明的人對待大家像對待自己的孩子一樣。

【智慧解析】

聖人之所以聖明，是因為他們知道滿足，懂得無為的道理，他們能夠體悟大道的德性，將天地萬物看成一體，在心中不做任何的分別，所以他們是聖明的。他們的聖明表現在對待任何人都沒有私心，沒有厭惡之心，以善良對待善良的人，也以善良對待不善良的人；對待誠信的人是誠信的，對待不誠信的人也同樣誠信，沒有分別。因此我們也應效法聖人的做法，真誠地對待身邊的每一個人，當我們的真誠感染了別人的時候，也就自然得到了別人發自內心的信任與尊敬，別人也願意同我們作朋友。

老子為我們講的就是一視同仁的道理，也告訴我們與人相處時應該如何對待別人。我們常說將心比心，就是說當我們想得到他人的贊同，就要先肯定他人的意見；當我們希望得到他人的尊敬，就應該先尊敬他人。只有將我們同他人的意志放在一個稱盤上，去掉分別心，才有可能擁有自己的意志。這就像大道一樣，沒有任何分別心，它對待萬物是一個法則、一個樣子，不會厚此薄彼，更不會媚上欺下，它只會給每一個事物以同樣的恩澤。所以我們也應秉承這種美德，敬愛身邊的每一個人，而當我們真心實意地熱愛他人的時候也會同樣得到他人的熱愛與關心，我們從中會感覺到愛與被愛是相等的，像是從兩面感受陽光的照耀。

記得有這樣一個發生在英國的真實故事。有一位老人，既無兒也無女，體弱多病，他決定搬到養老院去度過人生的最後時光。於是，老人宣布出售他漂亮的房子。消息一經傳出，購買者蜂擁而至。房子的底價為八萬英鎊，不過很快就被炒到了十萬英鎊，而且價錢還在攀升。老人深陷在沙發裏，目光憂鬱，要不是身體情況很差，他是不會賣掉這棟留給他許多美好回憶的房子的。

這時，一個衣著樸素的年輕人來到老人面前，他彎下腰，輕聲對老人說道：「先生，我也想買這棟房子，可是我只有一萬英鎊。不過，如果您把房子賣給我，我保證會讓您依舊生活在這裏，和我一起喝茶，讀報，散步，天天都快快樂樂的。請相信我，我會用整顆心來照顧您！」老人頷首微笑，他被年輕人的真誠打動了，以一萬英鎊的價錢把房子賣給了這個年輕人。

其實，實現夢想並不一定非要殘酷的爭奪、爾虞我詐。有時，只要擁有一顆愛人之心就足夠了。這就是聖明的人會以自己善良和誠信的愛對待他人，同時也得到他人的信任與敬愛。以善良、純潔和誠信的愛對待他人其實很容易，只要我們去掉你我的分別心，容納他人，像聖明的人一樣，用一顆沒有私念和偏見的愛心去面對世界，就可以了。

其實，我們都是希望自己能夠得到他人的尊敬，得到他人的認可，從而輕鬆地與他人相處。這種希望是好的，是沒有錯誤的，如果天下人都秉持著這種良好的願望去做，又怎會有紛爭，怎會有不和睦呢？但是，我們卻很難做到這一點，也因此會有這樣的話語：相識易，相處難！之所以會這樣，是因為我們在與人相處時，總是遮遮掩掩，不敢將自己的全部完全呈現給別人，這樣就會有隱藏，就會有不真誠感。給他人感覺是不夠誠懇，他人也就不會相信我們，也就不會拿出真誠來對待，那我們又怎能得到他人的認可，又怎能與他人輕鬆交往呢？

所以，聖明的人是不會有所隱藏的，他們會讓自己與天下人同德同善、同心同信，與天下人和順同一。當我們達到這個境界時，天下人是我們，我們是天下人，沒有任何分別，又何愁不能與天下人輕鬆、和平地相處呢？又何愁不能與天下人互敬互愛呢？

第五十章　出生入死

出生入死。
生之徒十有三；死之徒十有三；
人之生，動之死地亦十有三。
夫何故？以其生生之厚。
蓋聞善攝生者，陸行不遇兕虎，入軍不被甲兵。
兕無所投其角，虎無所措其爪，兵無所容其刃。
夫何故？以其無死地。

出生入死。	人出世為生，入地為死。
生之徒十有三，	屬於長壽的佔十分之三，
死之徒十有三，	屬於短命的佔十分之三，
人之生，	本來可以長壽的人，
動之死地亦十有三。	卻自己走上死路的也佔十分之三。
夫何故？	這是為什麼呢？
以其生生之厚。	是因為他們追求過於優厚的生活。
蓋聞善攝生者，	據說善於保護自己生命的人，
陸行不遇兕虎，	在陸地上行走不會遇到犀牛和老虎，
入軍不被甲兵，	進入戰場不會披帶鎧甲和兵器，
兕無所投其角，	犀牛沒有地方頂出它的犄角，
虎無所措其爪，	老虎沒有地方使用它的利爪，
兵無所容其刃。	兵器沒有地方顯露它的的鋒利。
夫何故？	這是為什麼呢？
以其無死地。	因為他沒有進入有死亡危險的地方。

【智慧解析】

　　俗話說：好死不如賴活著，因為人的本性都是貪生怕死、趨利避害的。也有一些敢於赴湯蹈火、臨危不懼、視死如歸的人，雖然成為我們心目中的英雄豪傑，其實他們也是不得已而為之。因為我們人來到這個世界上，是一件很不容易的事，或者說是很偶然的事。人的一生就幾十年，與天地的永存以及數千年的人類文化相比，是不可比擬的。只不過是曇花一顯，又如流星一閃，十分的短暫。如此有限的時光又有誰不珍惜自己的生命呢？又有誰真的願意去死呢？

　　不管我們是不是怕死，還是不得已而死，死是誰也逃脫不了的。因為有生就會有死，生是為死做鋪墊的，而人的悲劇是在出生以後就知道自己是在走向死亡。就拿一國之君來說，他握有生殺大權，他可以隨意叫人去死，也可以使人生存，但是他卻不能讓自己或他人長生不老，永遠不死。很多國王都希望自己能夠長生不老，永遠都統治天下，於是便窮其所有的辦法和錢財，找人煉些長生不老的丹藥，但是至今為止，好像還沒有一個人煉成，也未見一個吃了這種丹藥的人長生不老的。由此可見，人是沒有可能長生的，人早晚是要死的。

　　那我們應該如何面對這生死關呢？

　　我們都聽過評書《楊家將》或是《岳飛傳》，就算沒聽過，也有所耳聞。在這兩部書中都提到打仗的時候排兵列陣部署一種陣法，然後引敵入陣。這陣法裏有生門，有死門，入生門者生，進死門者亡。懂得陣法奧妙的人，可以在冷靜地觀察分析後，找到生門，不僅把陣破了，取得了勝利，還保證了自己生命的安全。其實，人生就像這陣法一樣，只不過生死之門不僅是確定的，而且是沒法選擇的。走進人生，我們就是生，所面臨的唯一道路就是走向死亡。但是，就看我們是不是懂得人生這座大陣的奧妙，能不能掌握破解這座大陣的方法了。

其實方法很簡單，就是順其自然，生的時候就痛痛快快地生，不要去自尋煩惱；死的時候就安安靜靜地死，沒有留戀和惋惜。如果一味的貪生怕死，反而會更快地死去。戰場上那些勇往直前的人，是有生機的，只要打死了敵人，他就能生；而那些貪生怕死的人，不敢向前的人，沒有消滅敵人的人，要麼被敵人消滅，要麼被自己人所制裁。所以，當我們走入人生的這座大陣之後，就看我們所持有的是一種什麼樣的心態了。如果我們把持的是一種平靜的心態，笑看生死，把生死當作是一件很正常的事，就能冷靜地處身陣中，懂得如何保全自己的生命，就會生存得長久一些。如果我們持著一種緊張的心態，一天到晚擔心自己死掉，不僅不知道陣法的奧妙，身處陣中還不能冷靜度勢，不馬上死掉已經是不錯的獎賞了，還談什麼活得長久。

　　古時候有一個小山村，在山村裏有兩個年輕人，都靠打獵為生，其中一個開朗豁達，而另一個陰鬱消沉。有一天村裏的一個老獵人，在打獵的時候，不小心跌到山下摔死了，屍體被村裏人抬回來。這兩個年輕人看到後，都覺得很慘，那個開朗的就說：「前車之鑒，我以後在打獵的時候要小心一些。」說完話就沒有把這件事放在心上，依然像過去一樣每天出去打獵，只是在這以後的每一次出獵時，都安安穩穩的，既不害怕自己會摔死，也不去做冒險的事，他平平安安地度過自己的一生，直到八十六歲才壽終正寢。而那個陰鬱的人看過之後，心裏萬分害怕，生怕自己也像老獵人一樣從山上摔下來死去，於是就整天提心吊膽，連出獵都不敢去了，但是又沒有吃的，在家待了幾天後，只得上山打獵，由於這幾天老是東想西想的，沒吃好也沒睡好，導致精神恍惚，到山上後眼前老是有老獵人的屍體在晃動，走路也東倒西歪的，結果一個沒留神，摔了一交，頭磕在山石上暈了過去，被出外覓食的野狼咬死，等到村裏人發現時，只剩下一堆爛衣服和骨頭了。

　　老子說，我們人一生下來就預示著死，不想死都不行。在我們的一

生中，生長是一關，衰老是一關，死亡是最後一關。而這死亡是怎麼提前來臨的呢？老子說：「人之生，動之死者地亦十之有三。」意思是說，為了保全性命而死的，佔十分之三。到底怎麼回事？老子又說了一句：「夫何故？以其生生之厚。」原來是因為太愛惜自己的身體了。

我們為了保住這副皮囊，怕受辱受寵，怕吃虧上當，瞻前顧後，左顧右盼，擔驚受怕，患得患失……我們那顆心整天縮成像癟氣球一樣，像是蟲吃鼠咬過，怎麼可能不死。只能是越怕死，死來得越快。

我們必須明白出生入死是自然規律，是人力所無法控制和改變的，既然是這樣，那我們是讓有限的生命更輕鬆一些、更自由自在一些好呢？還是讓自己已經很痛苦的人生更加痛苦、更加緊張一些好呢？孰重孰輕，應該是一目了然了，俗話說：兩害相權，取其輕！

第五十一章　尊道貴德

道生之，德畜之，物形之，勢成之。
是以萬物莫不尊道而貴德。
道之尊，德之貴，夫莫之命而常自然。
故道生之，德畜之，長之育之，成之熟之，養之覆之。
生而不有，為而不恃，長而不宰，是謂玄德。

道生之，	大道生成了萬物，
德畜之，	大德養育了萬物。
物形之，	自然形成萬物萬類，
勢成之。	具體形式成就了萬物。
是以萬物莫不尊道而貴德。	因此天下萬物無不尊崇大道而珍惜大德。
道之尊，	大道被尊崇，
德之貴，	大德被珍惜，
夫莫之命而常自然。	是因為它不對萬物的運作橫加干擾而任其自然。
故道生之，	所以大道生成萬物，
德畜之，	大德養育萬物，
長之育之，	使萬物滋長發育，
成之熟之，	使萬物生長成熟，
養之覆之。	使萬物繁衍覆蓋。
生而不有，	生育萬物而不佔有，
爲而不恃，	造就萬物而不自恃，
長而不宰，	長護萬物而不為主宰，
是謂玄德。	這就是最深的德性。

【智慧解析】

　　人類珍惜生命，並不是貪生怕死，就連動物也都珍惜自己的生命。在非洲大草原上正在吃草的斑馬，看到獅子向自己衝過來，也會四散奔逃，而不會站在那裏等著獅子來吃。也許動物的這種行為是出自本能，但人類也是動物，只不過高級一點而已，何嘗沒有動物的本能呢！世間萬物都有本能，因為它們都是出自一個地方。

　　以老子的觀點來解釋，世界的萬物，包括人間的一切，只要有陰陽的分別，只要能看到兩極的不同，就都是從大道中而生的，都是大德來養育的。我們在前面已經說過了，太極生兩儀、兩儀生四象、四象生八卦，這與老子所說的一生二、二生三、三生萬物是同理。而這就是宇宙間物質的來歷。大道就是萬物的「太極」，就是「玄牝」。牝者，女性生殖。玄牝，就是非常深玄奧妙、非常偉大的女性生殖器，不管人類也好，還是任何一種動物也好，都是由女性生殖器中來到這個世界上的。而大道就是最大的女性生殖器。宇宙間的一切都是由她生成的。

　　這樣來理解萬物的生成，是不是要比我們古代的傳說和《聖經》中的說法科學一些呢？現代的科學研究表明，宇宙是有一個很小的顆粒，在無限膨脹的時候，引起強烈的爆炸之後形成的。而這個小顆粒就好比是大道。

　　大道不辭辛苦地將萬物生化出來，就要有人來撫養它們，而這養育萬物的重任就由大德來承擔。大德是大道的具體表現形式，是大道的能量轉化。比如太陽是道，那太陽的光就是德，沒有太陽，就沒有陽光，沒有陽光，太陽就無法表現自身的存在。再比如大海是道，那海水就是德，如果沒有大海，又怎會有海水，但是缺少了海水，那大海也就不能說是大海了。

　　大道就像母親，大德就如母親的乳汁，世間萬物在大道和大德的生

養和撫育下成形、成長、成熟、衰老，直至死亡。死亡後再生成新的生命，生生死死，死死生生，萬物就是在這種自然規律中循環往復，永遠無終！大道和大德像慈祥的母親，生養和撫育萬物，但是它們從來沒有居功自傲，也從來不去干涉萬物的行為，而是任由萬物按照自身規律自然發展。這就像我們將一粒種子掉在土壤中，沒有去理睬它，任由它生根、發芽、成長、開花、結果，不去修剪它，它長成什麼樣就是什麼樣。那麼，有一天它枯死了，我們也不會去傷心掛懷。大道和大德就抱著這樣自然而為的態度。也許從我們的理解上，它們太不負責了。其實大道和大德生育了萬物，萬物就應該有所回報，但是，道德對萬物卻沒有一絲一毫的要求，又由於道德無形無影，萬物也就根本無法回報。所以，萬物難道不因有這樣偉大的母親而感到驕傲嗎？然而，道德的根本就是不讓萬物感覺到它們的存在，那萬物也就沒有驕傲的原因，也就只能秉承道德的這種自然無為的規律發展。這樣的母親、這樣的品行，難道不值得我們尊敬嗎？難道不值得我們感動嗎？難道不值得我們學習嗎？

第五十二章　天下有始

天下有始，以為天下母。
既得其母，以知其子；既知其子，復守其母，沒身不殆。
塞其兌，閉其門，終身不勤。
開其兌，濟其事，終身不棘。
見曰明，守柔曰強。
用其光，復歸其明，無遺身殃，是謂襲常。

天下有始，	天下萬物都有開始，
以為天下母。	可以看作天下萬物的根源。
既得其母，	既然知道了天下萬物的根源，
以知其子；	也就能夠認識天下萬物；
既知其子，	既然認識了天下萬物，
復守其母，	還要堅守萬物的開始，
沒身不殆。	那就一生不會有危險。
塞其兌，	堵塞貪婪的欲望，
閉其門，	關閉欲望的門戶，
終身不勤。	那就終身不會憂愁。
開其兌，	打開貪欲的閘門，
濟其事，	以滿足自身的奢求，
終身不棘。	那就終身不會安穩。
見曰明，	看見事物本質的叫作明智，
守柔曰強。	堅守柔弱就叫作剛強。
用其光，	運用事物的光明，
復歸其明，	反過來就會通曉事物的本質，
無遺身殃，	不會給自己帶來災禍，
是謂襲常。	這就是常有的循環規律。

【智慧解析】

我們都知道哲學中講萬事都有根本。《道德經》也是哲學，也講求根本，沒有無根之木，沒有無源之水，就是天上的雨水也有其源頭。所以，世間的一切都有起因結果流轉的程式，都能夠尋到其根本，沒有任何例外的。而萬物的根本，或者說我們的起始點，那就是生育我們的母親，用人類尋根溯源的思想來說，那就是我們的老家，我們的發源地。

人類有一個極其不好的習慣，就是總以自身的感受和觀點來認識和判斷世界，而不能夠從事物的立場來觀察世界的本質。也正因此，導致我們的自負盲目，也由此給自己招來了不少的災禍。其實我們也一直在勸誡自己去做一個旁觀者，站在事物的立場去看待事物，就像站在山頂看山谷一樣。所以，我們經常說「旁觀者清，當事者迷」，要站在客觀的立場上分析和判斷。但是，又有多少人能做到呢？做到的，不是成仙，就是成佛了，跳出三界外，不在五行中了。既然無法做到，就說明我們還不夠明智，那就要找出我們無法做到的原因，也就是認識這種惡習的根本。

我們的心中有太多的雜念干擾著我們，使心靈受到束縛，無法回歸清淨自然的大道中去，也就無法更真實地放飛自己的心靈，使它獲得自由翱翔的能力。心靈總是被關在一個狹小的空間中，看到的是一小片天空，聽到的都是單調的音律，又怎能了解世界的全部，又怎能看清萬物的起始呢？就像井底之蛙，永遠不知道天地的雄渾和寬廣。如果我們不想成為籠中鳥、井底蛙，那只有擺脫雜念的困擾，衝出牢籠，跳出枯井，在廣闊的天空自由飛翔，在寬廣的大地自由馳騁，才能看清天和地的全貌，才能了解到萬物的根始，才能找到我們的老家。

貪婪和奢欲是人的特性，也正是它們束縛了我們心靈的翅膀，蒙蓋了我們智慧的眼睛。它們就像洪水一樣，一旦找到了發洩的出口，就會

不可抑制，給我們帶來諸多的痛苦和災難，使我們的身心永遠得不到安寧。如果放縱自己的貪欲，不加以節制，它就會成為枷鎖，我們就會在自己精心做成的牢籠中苦苦掙扎，在掙扎中繼續修建牢籠。枷鎖越來越緊，牢籠越來越小，最後我們的本性被捆牢了，靈氣被鎖死了，我們還是人嗎？還是可以與天與地與道相比的人嗎？不是了，我們是一批被自己的欲望之火燒成的灰燼，讓風吹散了！

我們本應是龍，騰雲駕霧於九天之上，翻江蹈海於萬頃波濤之中；我們本應是鷹，展翅翱翔於藍天之上，俯瞰鳥視於大地。應知天地之廣闊深遠，應看清萬物之根始。但是，由於我們的惡習和特性導致自己成為籠中鳥、井底蛙，該如何辦呢？

老子給我們指出了明路，他告訴我們：首先要尋根求源，認祖歸宗。我們是從哪裏來的？哪裏是我們的老家？誰是我們的白髮親娘？找到母親，就找到了根源，找到了老家。人類作為萬物的一份子，與萬物同樣生於大道，得到大道的養育，大道就是我們的母親，就是我們的根，她同時也是天下萬物的母親和根始。母親找到了，老家找到了，那我們就應該回歸母親的懷抱，回到老家才是正理。這樣我們就符合了根本道德，就擁有了智慧，而這種智慧在母親的養育下會日漸光明和強大，我們就能夠依自然規律，擺脫掉惡習和特性的糾纏和束縛，成為真正的鷹和龍，把這世界看得更清楚和徹底。

第五十三章　行於大道

使我介然有知，行於大道，唯施是畏。
大道甚夷，而民好徑。
朝甚除，田甚蕪，倉甚虛；服文彩，帶利劍，厭飲食，財貨
有餘。
是謂盜誇。非道也哉！

使我介然有知，	假使我稍稍有智慧，
行於大道，	就要行走光明的大路上，
唯施是畏。	唯獨害怕走上邪路。
大道甚夷，	大道非常平坦，
而民好徑。	而人們卻偏偏喜歡走捷徑。
朝甚除，	朝政很腐敗，
田甚蕪，	農田很荒蕪，
倉甚虛；	倉庫很空虛，
服文彩，	衣服卻很華麗，
帶利劍，	還佩帶著鋒利的寶劍，
厭飲食，	享受精美的食物，
財貨有餘，	財物還有盈餘，
是謂盜誇。	這無異於強盜的自我誇耀。
非道也哉。	這絕不是正道。

【智慧解析】

隨著科學技術的不斷發展，各地之間的距離也在縮短。比如古時候要從北京到上海，除了步行，要不就是騎馬或乘坐馬車，速度之慢是可想而知的，短則十天半月，長則三月半年，更不要說遊覽世界了，那一去不用三年五載，甚至十年八年是不要想回來的。但是，現在不同了，輪船、汽車、火車、飛機一個比一個快，繞世界一周快的兩三天，慢的頂多一個月。隨著交通工具的發展，公路也日益向高水準發展，從過去的土路到水泥路，到柏油路，到現在的跨省、跨國的高速公路，可以說我們現在出行是既方便又快捷。願意坐飛機的有飛機，不願意坐飛機的有火車，再不行有汽車，現在自己駕車出遊的人到處都是。但是，真正會走路的人又有多少呢？

我們知道兩點之間直線最近。但是，最近的路不見得是平坦的大路，有很多都是崎嶇不平的小路，別說車輛難行，就是牛馬走著都費勁。就是這樣的路，有很多人為了節省汽油，或是為了抄近節省時間，還專門喜歡走。越是駕齡長的老司機，越愛走，這樣還可以炫耀他的駕駛技術，而那些剛剛學會駕駛的新司機，反而規規矩矩地走大路，雖然可能繞點路，可能費點油，但是安全。現在讓我們探討一下，走大路可能會遠個幾十公里，走小路可能近個幾十公里，但是就真的是小路比大路省油又省時嗎？不一定。但走大路一定比走小路安全。

有一個人原先替公司開了幾年車，駕駛技術可以說很好，後來下海做生意賺了點錢，買了一輛汽車，平時周末也就帶著家裏人去附近的山裏玩玩。有一次心血來潮，要拉著一家人到泰山去，於是朋友們都建議他走高速公路，雖然繞點遠，多花點錢，但是快捷安全。他不聽，非要走自己規劃的一條相對直近的路線，這條路線上全是一些縣級公路。直到上了路才發現，道路崎嶇不平，坑坑窪窪的，所以就不敢開得太快，

又趕上很多地段修路，只好又繞道，為此心理煩躁加上家人的埋怨，結果一不小心陷在一個坑裏，不僅輪胎爆了兩個，油箱還磕漏了，只能找地方找人來拉去修理，花了不少錢不說，還耽誤了時間，最後一賭氣也不去泰山了，找到高速公路打道回府。本來高高興興的事，卻落了一個這樣的結局，後來他再出去玩，再也沒有為了抄近走小路。

這也就是開車走小路、抄近路的一般結果，有的人甚至把自己和一車人的性命都搭上的。我們行車走路要走陽關大路，做人更要走光明正道，不然不僅無法彌補，甚至造成千古遺恨。因此老子告訴我們，如果我們是有智慧的，就會走大路，行正道，按自然規律做事做人；走上了彎曲的小路，因為所作所為都不是正道，是不安全的，遲早會釀成大錯，不僅達不到目的，有可能還會使我們身敗名裂，落個身首異處的下場。就像強盜的自我誇耀，雖然逞一時之歡，最終還是自取滅亡！

所以我們要記住：在我們的人生中，通往幸福和成功的只有光明大道，而沒有快捷的路徑可走！

第五十四章 善抱不脫

善建者不拔，善抱者不脫，子孫以祭祀不輟。
修之於身，其德乃真；
修之於家，其德乃餘；
修之於鄉，其德乃長；
修之於國，其德乃豐；
修之於天下，其德乃普。
故以身觀身，以家觀家，以鄉觀鄉，以國觀國，以天下觀天下。
吾何以知天下之然哉？以此。

善建者不拔，	善於建立自身道德的人不會動搖，
善抱者不脫，	善於秉持道德的人不會喪失信念，
子孫以祭祀不輟。	子子孫孫都會循環不斷地祭祀。
修之於身，	用道來修煉自身，
其德乃眞；	自己的德行就會純真；
修之於家，	用道來治理自己的家庭，
其德乃餘；	自己的德行就有盈餘；
修之於鄉，	用道來治理自己的家鄉，
其德乃長；	自己的德行就能長久；
修之於國，	用道來治理自己的國家，
其德乃豐；	自己的德行就會豐厚；
修之於天下，	用道來安撫天下，
其德乃普。	自己的德行就遍布博大。
故以身觀身，	所以要用道身觀察自身，
以家觀家，	用道家觀察自家，
以鄉觀鄉，	用道鄉觀察鄉里，
以國觀國，	用道國觀察國家，
以天下觀天下。	用道天下觀察天下。
吾何以知天下然哉？	我是如何能知道天下是這樣的呢？
以此。	就是依此方法。

【智慧解析】

　　人生於大道之中，與萬物相融，但又高於萬物之上，其原因在哪裏呢？就在於人類是有意識的，正因有這種意識我們才會有樹立信念的概念。然而一旦有了這種樹立信念的概念，就會有毀掉信念的可能，如果沒有這種樹立的概念，自然也就沒有毀掉的概念，沒有毀掉就是不可能毀掉，不可能毀掉的信念不就是永恆的信念嗎？

　　那麼，怎樣才能有這種不被毀掉的信念呢？方法其實很簡單，就是不去樹立任何信念，順其自然的志向就是不用樹立的信念。不是有這麼一句俗話麼：有志者，立長志；無志者，長立志。自然形成的志向就是長志，就是永遠也不會被毀掉的信念！

　　古時有一個和尚，因為耐不住寺廟裏的寂寞，就下定決心還俗了。可是還沒過半年，他因無法忍受塵世的喧囂，就又回到寺廟當和尚。又過了不到半年，他還是耐不住寺廟裏的寂寞，又決心還俗不再當和尚了。

　　一位老和尚見他這樣，就對他說，你也不必當和尚，也不必去做俗人。你不妨在寺廟的門口開個茶館，那裏是塵世與佛境相交之處。

　　這個和尚就脫去袈裟，在寺廟門口開了個茶館。他感覺挺好，既可以遠離塵世的煩躁，享受寺廟的清淨；又可以參與世俗的事物，而逃脫寺廟的寂寞。就這樣他一直在那裏開著茶館，直到死去。

　　這個和尚就是經常樹立信念，決心往往不小，但是仍然可以毀掉。而與他剛好相反的另一個和尚，沒有樹立任何信念，沒有下決心要成為如何有道行的人，只是真心求知，誠心求法，最後自然得到了佛法真髓，成為一代高僧，並被後世永遠相傳，他就是少林寺的二祖慧可大師。

　　從這兩個修行人的身上，我們看到第一個人沒有堅定的信念，心若

漂萍，毛毛躁躁的，別說當和尚，做什麼都不會好。第二個人，之所以當了二祖，有他的必然。這個人就是不當和尚，無論他做什麼，都會成功。因為他有一顆堅忍不拔的恆心。

其實老子是想告訴我們，不管做多麼平常的事，沒有一個堅定的信念是不行的！沒有吃苦的準備是不行的！沒有碰壁的過程是不行的！沒有拼死的精神就更不行！那只會知難而退，給自己找托詞、放大假的人，就只能是一事無成！

「善建者不拔」的真意就是說，善於樹立信念的人，他的信念一旦建立起來，就不可能再更改，永遠也不會動搖。

「善抱者不脫」的真意就是，善於樹立信念的人會把念頭牢牢的抱在懷裏，任是誰也奪不走、騙不走、偷不走，永遠不會喪失。

只要我們能像老子說的那樣，擁有一個善於樹立信念的意識，擁有一顆堅定信念的心，就沒有我們做不成的事！

美國有一位年輕的警察名叫亞瑟爾，在一次執行任務時，他不幸被歹徒的槍射中了左眼和右腿膝蓋，經過六個月的治療，出院後的他完全變了樣：成了一個又跛又瞎的殘疾人。由於這次事蹟，他受到當地政府的嘉獎。在接受記者的採訪時，有記者詢問他，以後將如何面對現在所遭受的厄運。他說：「我知道歹徒還沒有落網，我要親手抓住他，這是我給自己制定的目標。」

後來，亞瑟爾不顧家人和朋友的勸阻，參與了抓捕歹徒的行動。他幾乎走遍了全美國，甚至為一個細小的線索隻身去了瑞士。大約九年後，那個歹徒終於落網了，亞瑟爾的努力起了非常關鍵的作用。他再一次成為一個英雄人物，被許多媒體譽為全美最堅強、最勇敢的人。

只要我們能夠擁有像亞瑟爾那樣堅定不移的信念，我們就會發現許多事情都會向我們想要的方向發展。

第五十五章　物壯則老

含德之厚，比於赤子。
毒蟲不螫，猛獸不據，攫鳥不搏。
骨弱筋柔而握固，未知牝牡之合而朘作，精之至也。
終日號而不嗄，和之至也。
知和曰常，知常曰明，益生曰祥，心使氣曰強。
物壯則老，是謂不道，不道早已。

含德之厚，	道德深厚有涵養的人，
比於赤子。	好像是初生的嬰兒。
毒蟲不螫，	有毒的蟲子不會咬他，
猛獸不據，	兇猛的野獸不會吃他，
攫鳥不搏。	兇猛的鳥禽不會抓他。
骨弱筋柔而握固，	骨質瘦弱筋肉柔軟而拳頭卻握得很牢固。
未知牝牡之合而朘作，	不知道男女交合之事而生殖器卻自然勃起，
精之至也。	這是精氣充沛的緣故。
終日號而不嗄，	整天啼哭但嗓子不會累啞，
和之至也。	這是呼吸和諧的緣故。
知和曰常，	知道元氣和諧事物才會正常發展，
知常曰明，	知道事物正常發展才是明智，
益生曰祥，	增長生機才叫祥和。
心使氣曰強。	用心使用精氣才能剛強。
物壯則老，	事物壯大後就會衰老，
是謂不道，	這就是違背大道，
不道早已。	違背大道就會早早地滅亡。

【智慧解析】

　　《道德經》講到這裏，已經是從道德的角度衍生到人的行為真諦中了，老子好像是在講道論德，其實更準確的是講述做人做事的道理。因此，老子在這裏又給我們提出了一個不能迴避的問題：人活著的目的是什麼？人應該怎樣活著？

　　綜觀《道德經》八十一章，思維跳躍性很大，也有好多重覆的表述，好像缺少內在的聯繫。這跟中國人的思維方式有關。我們看古人的著作，多是語錄體，不搞邏輯推理，往往一言中的，直達本源。也與老子在寫《道德經》時的背景有一定的關係，老子是在和朋友的聊天講述中，將他對大道的理解記錄下來的，所以，有些地方似乎有些反覆。但是，這正是與大道的表現形式相一致的，是循環往復，無始無終。因此，老子在這裏提出的問題，又一次告誡我們做人做事要有節制，要知道滿足，萬不可以過度的放縱自己的欲望，否則就會物極必反，給自身帶來無法彌補的損失，就會背離大道的宗旨，最終走向滅亡！

　　老子用了一個形象的比喻，來證明這一觀點的真意。他說，你看剛出生不久的嬰兒，雖然只能躺在那兒不能站立，非常的柔弱，可是有父母的看護，任何毒蟲猛獸都無法傷害他。他雖然沒有力氣，但小拳頭握得挺緊。雖說他還不明白男女之事，但小小的生殖器卻撅得挺高。這是怎麼回事？元氣充沛。有涵養、遵循大道的人就可以像嬰兒一樣抱元守一，使自己的精力不外洩，這就是有道德修養。但是有很多的人卻不是這樣的，性欲越高的人，越容易成為陽痿患者，因為他過度的放縱自己的性欲；力氣越大的人，越容易被人打傷，因為他使自己的氣力浪費掉了；事業大的人，心裏也許最空虛，因為他已經被勝利沖昏了頭腦；錢財多的人，內心深處最感貧窮，因為他的物欲太旺盛，總是無法被滿足；想活得長久的人，偏偏很快地死掉，因為他過分的珍惜身體而導致

內心受到壓迫。這就是物壯則老，物極必反，一旦事物走到了盡頭，超越了界限，就會向反面發展。

有一則童話故事，名字叫《漁夫與金魚》，就充分說明了人的欲望一旦超過了界限，不但想得到的無法得到，就連擁有的也會失去。故事的內容大致是這樣：從前有一個老漁夫和他的老太婆住在海邊，他們的生活很清貧。老漁夫每天都到海邊去打魚，而每天他只撒三網，打到多少是多少。這天他又到海邊撒網打魚，頭兩網一無所獲，最後一網，打上來一條小金魚。他看著這條小金魚有些感慨，這時，小金魚對他說：「老爺爺，我是海神的女兒，請你放我回去，我會報答你，滿足你的希望！」善良的老漁夫說：「你回去吧，我什麼也不需要。」於是就將小金魚放回了大海，小金魚在潛入海裏的時候，對老漁夫說：「你要想找我，就到海邊喊三聲我的名字，我就會出來。」老漁夫回到家中，將這件事告訴了老太婆。

老太婆說：「你這個老糊塗，我們這麼窮，你為什麼不跟它要一座大房子，裏面有好多的食物，我們也就可以安度晚年了。」老漁夫被逼無奈只好回到了海邊，呼喚出小金魚，把老太婆的要求對小金魚講了，小金魚讓老漁夫回去。老漁夫回到家一看，一所漂亮的大房子，老太婆正在房裏吃著可口的事物。

老太婆一見老漁夫就大聲罵道：「你這個老糊塗蛋，你就不能跟小金魚再要些金銀珠寶。」老漁夫只能又去找小金魚，告訴它老太婆的要求。

擁有了很多金銀珠寶的老太婆還不滿足，又讓老漁夫去找小金魚說自己要當貴婦人，老太婆的願望又一次實現了。但她依舊不滿足，又逼著老漁夫找小金魚，讓她成為女王，小金魚再次滿足了老太婆的要求。成為女王的老太婆，飛揚跋扈，不可一世，她忘記了自己是誰，也忘記了現在的一切是如何得來的，她讓老漁夫去對小金魚說，她想擁有小金

魚的魔法，並讓小金魚為她跳舞唱歌。小金魚聽完後，哀怨地看了一眼老漁夫，就返回了大海。當老漁夫回到家時，看到的是一切又回到了原樣。

　　不知道控制欲望的人，最終會落入自己的欲望深淵而無法自拔；不知道滿足的人，就會被自己的貪心所害；不知道界限的人，只會無止境地放縱自己，直到自己被毀滅。所以，我們要懂得控制自己的欲望，順其自然，把握好欲望的尺度，也就不會有物極必反的報應了！

第五十六章　爲天下貴

知者不言，言者不知。
塞其兌，閉其門，挫其銳，解其紛，和其光，同其塵，是謂
玄同。
故不可得而親，不可得而疏；
不可得而利，不可得而害；
不可得而貴，不可得而賤。
故為天下貴。

知者不言，　　　　　真正有智慧、有知識的人不隨便談論，
言者不知。　　　　　隨便談論的人是沒有智慧、沒有知識的人。
塞其兌，　　　　　　堵塞耳目，
閉其門，　　　　　　關閉感官。
挫其銳，　　　　　　挫傷他盲目的鋒芒，
解其紛，　　　　　　消解他盲目的糾紛，
和其光，　　　　　　柔和他的光耀，
同其塵，　　　　　　混同他的塵污，
是謂玄同。　　　　　這就是變化中與道相同為一。
故不可得而親，　　　因此人們不可能親近他，
不可得而疏；　　　　不可能疏遠他；
不可得而利，　　　　不可能加以利用他，
不可得而害；　　　　不可能去傷害他；
不可得而貴，　　　　不可能使他尊貴，
不可得而賤，　　　　不可能使他卑賤。
故爲天下貴。　　　　所以這種人是天下最難得的人。

【智慧解析】

我們現在經常說：「理解萬歲！」誠然，人類之所以成為一個社會，就是由於人們在相互理解、相互體諒中生存著。每一個人生存在這個社會中，都希望得到他人的理解與支持，更重要的是得到他人的尊重與賞識。如果得不到他人的理解，就萬分苦惱和不安。因此，我們就希望別人能在最短的時間裏了解我們，贊同我們，知道我們是個不平凡的人，從而得到別人的尊重和賞識。有這樣的想法固然不是錯誤的，但是為此而努力去表現自己，宣揚自己，希望引起他人的注意，顯露自己的才能。就會給他人一種太浮躁、太招搖的感覺，不但無法得到他人的尊重，反而使他人看不起。而且也顯得鋒芒外露，給他人一種狂傲的感覺。這樣的做法不僅不會得來好處，反而會帶來很多麻煩，對我們的為人處世和發展都是不利的。

老子告訴我們要像真正有知識、有智慧的人那樣，不隨便議論，不妄加評論。消除一切浮躁的表現，盡量少說少做一些徒勞無功的話和事情，這樣就不會使人感到厭煩。人們就會接納我們，理解我們。知而不言的人是有涵養、有修為的人，他們知道語言是有局限性的，是無法真正準確表達內心世界的，所以，他們更重視心靈的交往和感受，擁有真正的理解和尊重。而那些沒有知識和智慧的人，往往大肆宣揚，誇誇其談，結果是給他人留下了口舌和話柄，沒有得到理解和尊重不說，還遭人妒忌和陷害，這不是很划不來嗎？要知道雷鳴雖然也能給人留下印象，但它卻是由閃電得來的。要想得到真正的理解和尊重，那就做閃電，不要做雷鳴。

當我們為了獲得他人的理解和尊重，而過度追求和表現時，就會顯山露水，那也許就應了一句俗話：搶打出頭鳥！就會成為他人打擊和排斥的對象，其結果可想而知，只會遭受挫折和不幸，不會有順利和幸福

的。因此，我們必須按照老子說的去做，收斂自己的鋒芒和銳氣，那樣就不會傷害到他人和自己；把所有的浮躁變成沉穩，使自己的心靈相對祥和安靜，那樣就沒有什麼牽掛了。這樣做的結果是，我們不再因鋒芒過盛而耀人眼，也就與他人相一致；不做出頭鳥，我們還會擔心遭受他人的打擊和陷害嗎？

由此可見，真正的智者是不會去追求形式上的理解和尊重的，他們對任何事都表現得無爭無搶；他們個個都是深藏不露的高能人士。不要看他們少言寡語的，其實他們是成竹在胸；別人以為他們呆蠢木訥，其實他們錦繡在心間；我們認為他們沒有遠大理想，其實他們是不會久居人下的。只不過他們是不會在言語和行動上表現自己，以求譁眾取寵而已。所以，這樣的人才是順應大道的人，才是天下最可貴的人才，才是我們應該學習和尊敬的人！

第五十七章　以正治國

以正治國，以奇用兵，以無事取天下。
吾何以知其然哉？以此：
夫天下多忌諱，而民彌貧；
民多利器，國家滋昏；
民多伎巧，奇物滋起；
法令滋彰，盜賊多有。
故聖人云：「我無為而民自化；我好靜而民自正；
我無事而民自富；我無欲而民自樸。」

以正治國，	用光明正道治理國家，
以奇用兵，	用奇妙的計謀領兵作戰，
以無事取天下。	用清靜無為去爭取得天下。
吾何以知其然哉？	我怎樣知道應該是這樣去做呢？
以此：	是通過以下這些：
夫天下多忌諱，	天下的禁戒忌諱越多，
而民彌貧；	而人民就越貧困；
民多利器，	民間的武器越多，
國家滋昏；	國家就會越混亂；
民多伎巧，	人們奸詐機巧之心越多，
奇物滋起；	各種奇怪的事物就越多地出現；
法物滋彰，	各種法令越多越嚴苛，
盜賊多有。	盜賊反倒越多。
故聖人云：	所以聖賢的人說：
「我無為而民自化，	「領導者無所作為，人民自己就順應自然；
我好靜而民自正，	領導者喜好清靜，人民自然就純正；
我無事而民自富，	領導者不擾民生事，人民自然就會富足；
我無欲而民自樸。」	領導者不貪求，人民自然就會樸素不奢華。」

【智慧解析】

俗話說：上行下效。就是說領導者如何處理事物、如何為人，都是在為下屬做示範。比如上司貪污受賄，那下屬也會中飽私囊；上司要是馬馬虎虎，那下屬也會丟三落四；上司要是秉公辦事，下屬也會循規蹈矩；上司要是兢兢業業，下屬也會認真勤奮。所以說下屬就像影子，直接反映著領導者的行為作風。要想把一個企業管理好，那領導者就應當以身作則，用光明正道的方法來管理，才能起表率的作用，才能受人尊敬而令行禁止，無往而不利！

這一章老子就是告訴我們作為一個領導者應該怎樣去管理自己的下屬和員工，才能使企業更昌盛，使人人都能安居樂業。老子說領導者只有用清淨無為的方式，使人們都得到應得的利益和權利，他們才能自由地發揮自身的才智，才能充分利用自己的主觀能動性工作。如果一個領導者給下屬太多的規則限制，他們就無法充分調動自己的積極性，就不會給企業帶來更大的財富，而他們自己也就越來越貧困。如果一個領導者因此而使下屬有太多的怨恨情節，那這個企業也就離衰敗不遠了。而人們也會因此個懷心機，彼此間相互欺瞞，爾虞我詐成風，那就會出現各種各樣的奇聞怪事。

邁克爾是德國一家電氣公司總經理，連續半年公司銷售額直線下降，令他感到非常惱火。於是，他把兩個營銷經理叫來，讓他們各自想一個辦法，來扭轉公司的這種局面。這兩個經理的管理方法和風格截然不同。一個管理者是事無巨細都要親自過問，甚至告訴下屬這應該怎樣做，那應該怎樣做，所以他的下屬一點自己的空間都沒有，只能聽他的指令行事，所以銷售業績最差的八個人就是他的下屬。而另一個經理則充分讓自己的下屬去想辦法，去自己解決困難，只有到最後下決定是他來拍板，所以他的下屬都很積極努力。

由於是不同的兩種管理方式，導致他們所採取的辦法和效果就不一樣。第一個經理，把自己的下屬召集過來，告訴他們老總的指示，並且給每個人訂了指標和詳細的考核標準，告訴他們應該如何做，如果做不到，就會被開除。結果是下屬人人自危、提心吊膽，更加無法很好地工作，自然業績不僅沒有提升，反而下降了。而第二位經理是怎樣做的呢？他找到總經理邁克爾，請他同自己一起聽聽銷售業績最差的員工的想法，邁克爾同意了。他們把這些員工請到總經理辦公室裏，說：「你們是我們隨意挑選出來的，我們想請諸位和我們共同研究本公司的銷售策略。大家不必拘束，有什麼想法說出來。」

　　員工們看到總經理和自己的經理親自與他們坐在一起共商公司發展大計，不免有些受寵若驚。但看到老總和經理信任的目光後，他們的思維漸漸活躍起來，七嘴八舌提出許多策略。其中一些建議非常有價值，就連銷售經理恐怕都想不出來。

　　根據這些業績最差的員工提出的意見，邁克爾和那位經理重新制定了公司銷售策略，結果公司很快扭轉劣勢，銷售額急劇上升。而第一位經理卻被解雇了。

　　真正有智慧的領導人，是知道如何給企業營造自由空間，知道應該如何調動下屬積極性的。因此，他們會秉持正道，以奇謀妙計扭轉乾坤，而這與老子所講的以正治國的道理是相同的。這樣的領導人才是我們應效法的楷模！

第五十八章　禍兮福倚

其政悶悶，其民醇醇。
其政察察，其民缺缺。
禍兮福之所倚；福兮禍之所伏。
孰知其極？其無正也。
正復為奇，善復為妖。
人之迷，其日固久。
是以聖人方而不割，廉而不劌，直而不肆，光而不耀。

其政悶悶，	仁德領導者的治理寬宏深遠，
其民醇醇。	人們就忠誠純樸。
其政察察，	無德領導者的治理嚴酷煩瑣，
其民缺缺。	人們就狡邪詭詐。
禍兮福之所倚。	災禍的旁邊倚靠著幸福。
福兮禍之所伏。	幸福的裏面埋藏著災禍。
孰知其極？	誰能知道它們的真相？
其無正也。	這沒有一個規則可尋。
正復為奇，	正常會轉變為怪異，
善復為妖，	善良會轉變為兇惡。
人之迷，	人們對現象迷惑不解，
其日固久。	可以說已經有很長的日子了。
是以聖人方而不割，	所以聖人用法規來約束人們的行為但不傷人，
廉而不劌，	銳利但不刺傷人，
直而不肆，	率直但不放肆，
光而不耀。	光大明亮但不耀眼。

【智慧解析】

「禍兮福之所倚，福兮禍之所伏」，這是老子的名言，我們所有人都聽說過，也能講出它的道理。可是，我們又有誰能把它時刻記在心上，並且在現實生活中巧妙地加以利用呢？一到關鍵時刻，我們不僅忘了這句話，而且忘記了福和禍相互換化的辯證關係。

我們看到別人擁有金玉美食、洋房名車，就也想擁有。於是便拼命地去追求，去拼搏。其結果是擁有了，卻也付出了很多，比如青春、尊嚴、人格等等。細細想來，我們付出的比得到的要多得多。還有的剛看到一點希望，就徹底的結束了，什麼也沒得到。所以我們要記住的一點是，世間萬物萬事都是相互依存的，沒有單獨成立的。比如有得到就有失去；有痛苦就有歡樂；有白天就有黑夜。因此萬不可以因一時之得，而忘乎所以；也不要因一時之失，而愁苦難當。

古代邊塞住著一個老者，他有一匹非常俊美的馬。有一天，馬走失了，鄰里知道後，都來安慰老者，認為老者遭到了不幸。但老者卻說：「怎麼見得這就是不幸的事呢？也許是一件好事也說不定。」

過了幾天，那匹馬回來了，而且還帶回來一匹更為俊美的野馬。鄰里知道後，都來恭祝老者，不僅自己的馬失而復得，而且還多了一匹更漂亮的馬，都認為這是一件喜事。老者卻說：「怎麼見得這就是一件好事呢？沒準是一件禍事也很難說。」

第二天，老者唯一的兒子，為了馴服那匹野馬，從馬背上摔了下來，把一條腿摔斷了。鄰里們又來安慰老者，希望他不要難過，不要因這樣的不幸而傷心。而老者卻說道：「這也有可能是一件好事。」

過了幾月，邊關要打仗，朝廷讓所有身體健康的青年應徵入伍，到前線去。而老者的兒子因為腿斷了，就沒有應徵，而村裏其他的年輕人都被迫去了前線，結果戰爭失敗，很多家庭失去了自己的兒子或丈夫，

第五十八章　禍兮福倚

203

而老者卻是闔家歡聚！

　　這是有名的塞翁失馬的典故，古人都能知道事物是雙重的，不能只看表象，而不去了解實質，更何況我們現代人呢？其實生活中不如意、不快樂的事情很多，但快樂和如意的事也不少，就看我們是如何理解的了。當身處逆境時，要看到幸福的一面；當享受歡樂時，也要告誡自己不可樂極生悲。

　　戰國時期的吳國，有一家人三代行善積德，從沒作過一件不仁義的事。這年他家的黑牛懷孕生下一隻白色的小牛，家裏人很奇怪，就去問孔子，孔子說這是吉祥的徵兆，但是過了幾個月父親的眼睛卻無故的瞎了；第二年，黑牛又生下一隻小白牛，沒過幾個月兒子的眼睛也無故瞎了。他們就感到很不解和害怕，於是又找到孔子探問究竟，孔子又說這是吉兆，象徵著你們家平安穩定。這時越王勾踐率兵來打吳國，壯年人大都戰死沙場，而這父子倆則因雙目皆盲而沒有到前線去，保住了性命。等到戰爭結束後，父子倆的眼睛也治好了。

　　人生往往是這樣曲曲折折地向前行進，我們誰也無法說清前方的路是怎樣的。所以，只能以一種平和自然的心態，去面對發生的事和遇見的人。遇事用辨證的眼光去看待，多思考一些相對的影響，盡量做到不以物喜、不以己悲，這樣就會減少災禍的發生，從而享受安靜祥和的生活了。古人云：三思而後行！做到這一點，也就能把握住事態變化的分寸，使自己沒有遺憾！

第五十九章　長生久視

治人事天，莫如嗇。
夫唯嗇，是謂早服。
早服是謂之重積德。
重積德則無不克。
無不克則莫知其極；莫知其極可以有國。
有國之母可以長久。
是謂深根固蒂，長生久視之道。

治人事天，	治理國家順自然天性，
莫如嗇。	沒有比愛惜精力更重要的了。
夫唯嗇，	愛惜精力行事，
是謂早服。	就是早做準備。
早服是謂之重積德。	早做準備就能增善積德。
重積德則無不克。	增善積德就可以戰勝一切。
無不克則莫知其極。	什麼都能戰勝就無法知道他能力的界限。
莫知其極，	無法知道能力界限的人，
可以有國。	就可以治理國家。
有國之母，	有了治理國家的根本，
可以長久。	就可以保持長久。
是謂深根固蒂，	這就是所說的根深蒂固，
長生久視之道。	是長久地生存的大道。

【智慧解析】

有一種詩詞上的修辭方法叫「頂真」，就是句尾壓句首，一層一層地遞進，老子對這種修辭方法運用得極其熟練。所以老子不僅是哲學家、思想家，還是個詩人，老子的詩不但有文采，還擁有哲理和智慧。

老子沒有想過要成為詩人，但無意中卻成為大詩人。老子沒想作詩，但出口成章、合轍押韻，這便是老子的無為之舉。老子並不刻意，一刻意便失去自然。自然是詩乃至一切事物的天性，失了自然，便如同喪生失命。老子說，作詩有作詩的規矩，但不可刻意守成；治國有治國的原則，但不要遵循意志。做人跟作詩和治國是一樣的，也有應順其自然的道理。

老子說，「治人事天，莫若嗇」，嗇是什麼？嗇是收藏，是涵養。古人講的攝生養年，是生命的精緻浩然之氣。世界上沒有比這對人更重要的了，所以必須認真保養，使生命圓滿。一個氣球如果內裏氣不充足，就不會圓滾，它的彈性就會減弱；一個人如果內裏精氣不足，說話做事就無精打采沒有活力。一個家庭、一個國家，如果缺乏內在氣質，那就會失去生機。因此道德涵養對於每一個人來說，都是再重要不過的了。從外表是看不出誰有道德，誰沒有道德的，然而在具體的行為上，就會顯露出來。

每個人的頭腦不可能是空的。從一生下來，裏面就像棉花一樣的潔白無暇、稚嫩嬌弱。稚嫩嬌弱會漸漸地成熟，但潔白無暇卻不可被慢慢染黑啊。但是人們很容易地就在成熟的過程中，把那像棉花一樣的潔白玷污了，換上了好看絢麗但過於花哨的顏色，迷亂了人心，迷惑了我們的大腦。其實每個人，每天都在進行著「洗腦」的活動，把前一天裝進的東西，按類分減，留下自身認為有用的，剔除掉沒用的。只不過有的人在把好的、有價值的東西留下，把壞的、沒有價值的東西剔除；而有

的人卻是把好的剔除，把壞的留下；有的甚至把好的變成壞的，然後再留下，而也因此變成了魔鬼而不自知。這正如有的人吃了東西變成肌肉，有的人吃了東西長成惡性腫瘤一樣。

涵養是在分辨、消化、靜觀、默視中，歷經時間和實踐的驗證，再慢慢地、一點點地吸收、分解，將所有來自外在的因素，經過自己認真地篩選後，轉化成純正的營養，把自己的靈魂培養得健康而周正。

仔細地想想，我們所知道的很多賢能之士，都擁有這種能力，他們以高尚的道德修養，來做人做事。因為他們知道自己為什麼活著，目標是什麼。他們把自己與大道相融合，使自身素質在全面穩定的基礎上，成就更大更多的利國、利民的事業。

聖賢之士雖然不少，但是在茫茫人海中，仍然只是滄海一粟。只有我們每個人都崇尚道德修養，以「嗇」作本，順自然天性，才能使所有的人都生活在一個安寧的社會中。

人最基本的東西就是在精神中有著高尚的道德範疇和純樸的本質，這不僅是做人的根柢，更是人類得以良好生存和幸福快樂的基礎。有了這個東西，才可談戰無不勝，才可預言國基永固。在這方面，老子是這樣說的：「是謂深根固蒂，長生久視之道。」

第六十章　若烹小鮮

治大國若烹小鮮。
以道蒞天下，其鬼不神。
非其鬼不神，其神不傷人；
非其神不傷人，聖人亦不傷人。
夫兩不相傷，故德交歸焉。

治大國若烹小鮮。	治理國家就像烹調精美的小菜一樣。
以道蒞天下，	用大道來治理天下，
其鬼不神。	那些鬼神就不會來鬧事。
非其鬼不神，	不是那些鬼神不鬧事，
其神不傷人。	因為它們鬧事也傷害不了人。
非其神不傷人，	非但鬼神傷害不了人，
聖人亦不傷人。	聖人也不傷害人的。
夫兩不相傷，	鬼神和聖人都不傷害人，
故德交歸焉。	所以人們以德相守而安寧相和。

【智慧解析】

「治大國若烹小鮮」是老子的一句很有名的話，寥寥數字就把治國之理分析得清清楚楚，不僅為中國人所熟知，即使在歐、美、日等地亦被一些政治家及企業家奉為治國、治企業的重要法則。除了前美國總統雷根於一九八七年在年度國情諮文中曾引用，新日本製鐵公司總經理武田豐也在同年，與開發國家五國財長會議結束後，針對日圓升值的日經濟形勢而借用這句名言，來批評財經界不採取穩妥政策，而造成外匯市場急劇動盪，使經濟發展遇到麻煩。由此可見，「治大國若烹小鮮」這一管理命題對治國及現代企業管理的影響。我們怎能不折服於老子的智慧呢？

所謂「烹小鮮」，就是煎小魚的意思。煎小魚時，不可亂動；亂翻動，小魚就碎了。這句名言的背後精粹，是要求領袖在治理國家時不可妄為而存私心；通俗一點說，就是不要「亂來」，否則便會把事情的局面破壞了。老子《道德經》的哲學體系內的思想精粹，很大程度上可以在實際商業社會之中，甚至可為如何建立企業的領導才能發揮作用。由此可見，《道德經》的社會價值是多麼的高，對於國家和企業的治理及發展，具有不可忽視的積極作用。而且應用到兩千多年後的今天，還可以被推廣到人才培訓當中，這一點恐怕是老子根本沒有想到的。

治理一個國家就像烹調一條小魚，或是一道精美的小菜，需要按規律、按步驟一點點地來，既不能著急，也不可亂動。因為著急了，就會亂了分寸；亂動就會攪得一塌糊塗。所以聖賢之人都會遵循大道的規律、順其自然的去治理國家，使所有的人都感覺到春風拂面般的欣慰，讓所有人在心靈深處體會到大道德性的淳樸率真。這樣人們就不會被自私狹隘、邪惡無恥的念頭所左右，它們也無法在人們心中存活和作亂了。如果一個國家的所有人都擁有這樣的心境，都有這樣的覺悟，那又何愁國家不興旺昌盛呢？治理一個國家是這樣，管理一個企業也是一樣

的，只要遵循以人為本的原則，以淨化人們的心靈作為企業管理的根本和風尚，又何愁企業不發展壯大呢？

那麼，具體到一個人，如果能將自己的行為以道德的範疇為基準，時刻將大道的德性緊存在心裏，用它作為指導自己為人處世的法則，那又何愁自己不被他人敬仰，又何愁自己不能成為聖明的領導者呢？

有一個商人，做的是收購糖的買賣。每天向村民們收購完糖後，就在家將糖裝進籮筐或者麻袋裏，然後再運到鎮上或外地去賣掉。就在他集中或者分裝糖的時候，總是會不小心掉下一些糖，而他卻從來不在乎，覺得損失那點兒糖算不了什麼。

不過，商人的妻子卻是個有心人。她看到每次丈夫分裝完糖以後，地上都會灑些糖，覺得很可惜，就偷偷把那些糖重新收起來，裝進麻袋裏。不知不覺之間居然攢了四大麻袋糖。

後來，有一段時間蔗糖突然短缺，商人很長時間收不到糖，生意一時間沒辦法做了，幾乎蝕了本。妻子想起自己平時存下的糖，就拿了出來，化解了商人的燃眉之急，還小掙了一筆錢。

這件事一傳十、十傳百，很快就傳到了鎮上。鎮上有對夫妻開了一家文具店，妻子聽說這件事，先是感動，後來又覺得很受啟發，心裏也很想在關鍵時刻幫助丈夫。於是，她開始趁丈夫不注意時把報紙、記事本、日曆等貨物偷偷收藏起來，以備貨物緊缺時用。過了大約兩年時間，妻子覺得到了給丈夫一個驚喜的時候了，就洋洋得意地叫丈夫到後房去看。丈夫不看還好，一看險些昏過去。那些妻子收藏起的東西不是過時了，就是發霉了，還有誰會要呢？

只要我們的心中是以大道的德性為行動指南，就不會犯文具店老闆娘的這種愚蠢的錯誤，就不會有單純的拿來主義的思想，就會時刻警醒自己的行為，那時又怎會治理不好一個國家、一個企業，那時又怎會不懂為人處世的真諦呢？

第六十一章　各得其所

大國者下流，天下之交，天下之牝。
牝常以靜勝牡，以靜為下。
故大國以下小國，則取小國；
小國以下大國，則取大國。
故或下以取，或下而取。
大國不過欲兼畜人，小國不過欲入事人。
夫兩者各得其所欲，大者宜為下。

大國者下流，	大國要像江海一樣處在低下的地位，
天下之交，	是天下萬物交流匯聚、滋養長息的地方，
天下之牝，	成為天下雌柔的位置，
牝常以靜勝牡。	雌性常常憑藉柔靜戰勝雄性。
以靜為下。	因為溫柔守靜而謙下。
故大國以下小國，	因此大國用謙下柔靜對待小國，
則取小國。	就能夠取得小國的擁護和信任。
小國以下大國，	小國以謙下柔靜對待大國，
則取大國。	也可以取得大國的信任和保護。
故或下以取，或下而取。	所以有謙下而得擁護的，也有因謙下得到保護的。
故大國不過欲兼畜人。	所以那些大國不過是想兼併聚攏眾小國。
小國不過欲入事人。	而小國不過是想要在大國中間生存。
夫兩者各得其所欲，	這樣兩方面才都能達到他們的願望，
大者宜為下。	而大國尤其應注重謙下。

【智慧解析】

我們通常說，百川歸海，反過來是海納百川。為何是這樣呢？從地理結構上講，海是處在低窪之處，而江河溪流都是從地勢很高的山上流淌下來的；從水的特性上講，水都是由高向低流淌的。所以，萬千溪流匯聚成百條江河，而後流入大海。也因此，海是萬溪之主、百川之王。按說大海已經很大，很滿了，萬千江河都歸附於它，但是它依然把自己擺放在一個很低的地方，不以自己的大而欺壓百川的小，也不驕傲自滿而拒絕百川。

治理國家就要效仿大海的這種精神。越是有實力、有財力，人口眾多、疆域寬廣的大國，越是應具備大海的風範，將自己放置在一個相對謙和低下的位置上，對其他的小國禮讓有加，不侮辱、不欺蹦，才會得到天下的擁護和信任，才能確保自己上邦大國的位置，也更能表現上邦大國的風範。如果不是這樣，今天欺負這個，明天侮辱那個，不久就會遭到各國的集體反對，也許會導致各國的聯手行動。那不僅失去了一個上邦大國應有的氣度和風範，得不到他國的擁護和支持，還會走向滅亡。就好像大海一旦缺少了百川的流入，過不了多久，它也就不能稱為大海了。

而作為實力不夠雄厚，財力物力也不豐厚，人口稀少，疆域狹小的小國來講，就要依靠大國的保護和支援，才能得以更好、更長久的生存。就像百川只有向低處流淌直至入海，與萬千江河一起，它才能永遠不乾涸。所以，小國也要將自己擺放在一個相對低下的位置上，與大國友好和平地相處，才會得到大國的信任和保護。

老子以百川歸海、海納百川的現實情況，形象地闡述了大國與小國的關係，也進一步講述了不管治理大國，還是小國，都以謙和低下為本，只有這樣才能互為依靠，各有所得，不僅天下和平安寧，自身也祥

和穩定了。

　　老子講的是治國安邦，其實用到每個人身上也是一個道理。因為一個人就好比一個國家，高大威猛的、魁梧有力的、非常富有的人，就像是一個大國；而矮小瘦弱的、貧窮有病的人，就像是一個小國。前者是少數，就像大海，整個地球也才五六個；後者是多數，就像地球上的萬千溪流，數之不盡。如果我們是前者，經常以欺負弱小為樂，那只有兩種結果，一種是被諸多弱小聯合起來打翻，另一種是被更強大的所打倒。作為前者的我們如果能擁有大海一樣的品質與胸懷，那就會像大海納百川一樣，將自己放在一個低下的地位上，不但不欺負弱小，還幫助弱小，對他們謙恭禮讓，和他們作朋友。這樣不僅不會被他們打倒，還會得到他們的支持與擁護，當更強大的來欺負我們的時候，還會得到他們的幫助，做到以弱勝強。而那些弱小的也同樣得到了我們的保護與信任。

　　由此可見，任何事物都是相互依存的，水可載舟，亦可覆舟，所以只有相互謙恭禮讓，才能夠各得其所，相安無事。國與國之間是這樣，人與人之間更是如此。如果全世界的國家和人民都秉持這樣的治國、做人的原則，那我們這個社會該是多麼的安靜祥和的啊！

第六十二章　為天下貴

道者，萬物之奧。善人之寶，不善人之所保。
美言可以市尊，美行可以加人。
人之不善，何棄之有？
故立天子，置三公，雖有拱璧以先駟馬，不如坐進此道。
古之所以貴此道者何？不曰求以得，有罪以免邪？故為天下
貴。

道者，萬物之奧。	大道這個東西，是天下萬物的庇蔭。
善人之寶。	善良的人將它視為最珍貴的寶物。
不善人之所保。	不善良的人當它視作護身符來保護。
美言可以市尊，	優美的言語可以換取別人的尊敬，
美行可以加人。	優美的行為可以使人受到影響。
人之不善，	一個人邪惡無能，
何棄之有？	又有什麼理由拋棄他呢？
故立天子，	所以樹立天子的位置，
置三公，	設置三公之職，
雖有拱璧以先駟馬，	雖然有黃金美玉、駿馬豪車作為禮物，
不如坐進此道。	還不如把道作為禮物進獻。
古之所以貴此道何？	古代人為什麼重視道呢？
不曰求以得，有罪以免邪？	不是說有求就可以得到，有罪就可以免去嗎？
故為天下貴。	所以道才被天下所珍視。

【智慧解析】

我們已經知道如何用大道治理國家，如何依靠大道對待弱小和強大。而這章裏老子則又為我們講述了一個如何利用大道來對待不善良、沒有能力的人，使之成為有用之才的策略。

人生活在社會中，就要以社會的整體為依託，而社會所遵循的規律是大道的自然法則，所以不管我們是善良的，還是不善良的人，都是必須合乎大道的原則。善良的人將大道視為珍寶，所以以為人處世合乎大道；而不善良的人雖不願遵循大道，但卻將大道視為保護傘和護身符，所以他們就算違背了大道，也會保持著大道的基本。大道的基本是什麼？就是大道的本質，就是無為。而人也有自己的本質和特性。

人的本質是什麼？就是貪欲心重、趨利避害，見了好處向前擠，見了不好的東西避之唯恐不及。而人也有另外的一個特性，就是再兇惡的頑劣之徒，也會感激他人對自己的真誠幫助，也會表露出自己的真誠。因此，就算是邪惡的人也有他可以為我們汲取的好的地方，也是可以改變和教化的，就看我們是如何對待他們了。

我們來看這樣一個故事：一九二一年，路易斯·勞斯出任星星監獄的獄長，那是當時最難管理的監獄。可是在二十年後勞斯退休時，該監獄卻成為一所提倡人道主義的機構。當勞斯被問到使監獄改觀的原因時，他說：「這都要歸功於我已經去世的妻子——凱瑟琳，她就埋葬在監獄外面。」

在勞斯成為獄長的時候，每個人都警告凱瑟琳千萬不要踏進監獄，但這些話並沒有擋住凱瑟琳。第一次舉辦監獄籃球比賽時，她帶著自己的三個可愛的孩子走進體育館，與服刑人員坐在一起。她的觀點是：我要與丈夫一道關照這些人，我相信他們也會關照我，我不必擔心什麼。

那些服刑人員中有一個被判定有謀殺罪的犯人瞎了雙眼，凱瑟琳知

道後便去看望他，並且教他『點字閱讀法』。凱瑟琳在獄中還遇到過一個聾啞人，為了與他交流，她到學校去學習手語。在一九二一年至一九三七年期間，她經常造訪星星監獄。

後來，凱瑟琳在一次交通意外事故中逝世。第二天，勞斯沒有上班，可是消息立刻傳遍了監獄，大家都知道出事了。第三天，她的遺體被運回家中，代理獄長早晨散步時驚愕地發現，一大群看來是最兇悍、最冷酷的囚犯，竟然齊集在監獄大門口，臉上帶著悲哀的神色和難過的眼淚。他轉身對他們說：「好了，各位，你們可以去，只要今晚記得回來報到！」然後他打開監獄大門，讓那些囚犯走出去，當然是在沒有守衛的情況。結果，當晚每一位囚犯都回來報到了。

每個人都希望獲得他人的尊重，而尊重他人也是大道的德性，因為大道尊重世間的萬物萬事。雖然有時候，尊重只是講客氣的一種形式；但是，更多的時候，尊重表示出一種信任的情感，是對他人的一種鼓勵與肯定，具有無窮的力量。因此給予惡人他應得的東西，就是奉行大道德性的作為，即使他是壞得不可救藥的人，也不應該剝奪他應該擁有的東西。這也就是老子所說的「人之不善，何棄之有」的道理。

由此我們就可以知道，連罪犯都會被感動，都會轉變成善良和有用的人，那些比之罪犯強很多的人就更可以轉變。也許他們只是能力有些低下；經驗有些不足；反應有些遲鈍；邏輯有些缺乏等等，我們就更不應嫌棄他們，甚至拋棄他們了。我們只要付出一些耐心和尊重，也許這世上就又多了一批有用之才和棟樑之才。而我們也就擁有了被天下人共同珍視的大道準則！只有這樣才能與道同行，才能成為天下的貴人！

第六十三章　終不為大

為無為，事無事，味無味。
大小多少，報怨以德。
圖難於其易，為大於其細。
天下難事，必作於易；天下大事，必作於細。
是以聖人終不為大，故能成其大。
夫輕諾必寡信，多易必多難。
是以聖人猶難之，故終無難。

為無為，	以無為的方式去作為，
事無事，	以不攪擾的方式去做事，
味無味。	以恬淡無味的方式去品味。
大小多少，	不論大小、多少，
報怨以德。	以德報怨。
圖難乎其易，	處理困難的問題從容易處入手，
為大於其細。	做大事情要從細微處著眼。
天下難事，必作於易，	天下最困難的事，肯定開始於容易的事，
天下大事，必作於細。	天下最大的事，肯定開始於細微的小事。
是以聖人終不為大，	所以聖明的人始終不會妄自尊大，
故能成其大。	因此才能成為真正的偉大。
夫輕諾必寡信，	那些輕易的允諾必定不足以信，
多易必多難。	把事情看得越容易就必定越會困難。
是以聖人猶難之，	所以聖賢的人遇事總是往困難的方向考慮，
故終無難。	因此到最後也沒有遇到困難。

【智慧解析】

　　合乎大道的宗旨就是用無所作為的心理去進行作為，用無所事事的心態去做事，用無所滋味的心情去品嚐天下滋味。否則，任何事情只要有了開始，就有了願望，就不會有終止。比如有的人自信是非常淡泊名利的，這說明還沒淡泊。到了真正的淡泊，是連這淡泊二字也感覺不到的。所以這些人的淡泊，是相對於別人說的。因此不以清靜為清靜，不以無為為無為，不以無事為無事，不以無味為無味；別人以為小的，我們以為大；別人以為少的，我們以為多；別人欺負我們，我們還要送給他一笑臉，才是大道的真意。

　　當我們有了這種心態時，才能以德抱怨，才能不自以為偉大，才能通過事物的表象看到事物的本質。了解到就算最大的困難，也有它最容易解決的地方，只要從最薄弱的地方入手，就可以將困難化解。

　　所有的困難和問題，都是人們給自己挖的陷阱，都是人們給自己製造的，只要發現自己心中的問題，那困難也就迎刃而解了。

　　老子還告訴我們，當我們有了自然無為的心態時，還會發現任何重大的事件都有它細微的末梢，就像一團亂麻，只要找到了那一根線頭，就可以將它拆開。所以很多老一輩的智者都告訴過我們要注意細節，只有把細節做好，那大事也就水到渠成了。就像蓋大樓，哪怕它有上百層，只要我們一磚一磚的壘，終究有一天它會矗立在大地上而不倒。所以我們經常說：所有偉大的事業，都是由細節構築成的。注意細節——大事業很可能敗在微小的事情上。

　　有這樣一個故事：從前有一位商人，帶著貨物到市場上出售，他的運氣非常好，生意興隆，所有的貨物都賣出去了，口袋裏塞滿了金子和銀子。第二天，他準備回家，並且想在天黑之前趕到家中。

　　他把錢塞在背包裏，放到馬背上，然後騎著馬上路了。中午的時

候，他路過一座小城，休息了一會後，打算繼續趕路。這時，他的僕人把馬牽到他的面前說：「主人，馬的後掌蹄鐵上掉了一隻釘子。」

「就這樣吧！」商人說，「我只有六個小時的路程了，這馬蹄鐵不至於掉下來。我們要急著趕路呢！」

下午，商人下馬休息，叫僕人到附近餵馬。僕人回來後又對他說：「主人，馬左後腿上的蹄鐵已經掉啦，我是不是牽它去重新打個馬掌？」

「就這樣吧！」主人答道，「只不過剩下兩個小時的路程了，這馬應該還能挺得住的。」他們繼續趕路了。沒走多遠，馬便開始一瘸一拐了；跛著走了沒多久，開始跌跌撞撞了；又沒走多遠，終於一跤跌下去，腿折斷了。商人只好將馬留下，把背包解下來背在自己肩上，步行回家。結果，他一直到深夜才回到家中。

注意細節，即使是那看些起來不會出問題的部分。知道容易，哪怕看起來異常困難的事情。當我們做到這些的時候，我們就自然在心中保持一種低下，始終不會妄自尊大的！

第六十四章　慎終如始

其安易持，其未兆易謀，其脆易破，其微易散。
為之於未有，治之於未亂。
合抱之木，生於毫末；九層之臺，起於累土；千里之行，始
於足下。
為者敗之，執者失之。
是以聖人無為故無敗；無執故無失。
民之從事，常於幾成而敗之。
慎終如始，則無敗事。
是以聖人欲不欲，不貴難得之貨；學不學，復眾人之所過。
以輔萬物之自然，而不敢為。

其安易持，	安穩時的局面容易維持，
其未兆易謀，	事變徵兆未出現時容易謀劃，
其脆易破，	脆弱時的事物容易化解，
其微易散。	微細時的事物容易消散。
爲之於未有，	採取措施要在事物的變化還沒有發生時候，
治之於未亂。	治理要在禍亂還未發生時進行。
合抱之木，生於毫末。	合抱粗的大樹，是從細小的萌芽生長起來的。
九層之臺，起於累土。	數層的高臺，是從一筐筐泥土積累起來的。
千里之行，始於足下。	上千里的行程，是從第一步開始行走的，
爲者敗之，	按自己意志妄為的人肯定要失敗，
執者失之。	強行持有的人肯定要喪失。
是以聖人無爲故無敗；	所以聖人順應自然不妄為，所以沒有失敗；
無執故無失。	不強行持有所以沒有喪失。
民之從事，	人們做事情，
常於幾成而敗之。	常常在快要成功的時候卻失敗了。
慎終如始，	必須像對待開始一樣謹慎地結束，
則無敗事。	那樣就不會失敗了。

是以聖人欲不欲，	因此聖人要別人不想要的，
不貴難得之貨；	而且不貪戀貴重的財物；
學不學，	學習別人所不願意學的知識，
復眾人之所過；	從眾人所犯的錯誤中得到啟迪；
以輔萬物之自然，	能輔助萬物順應天地的自然規律，
而不敢為。	而不敢妄自行動。

【智慧解析】

　　了解大道規律的人，在很多問題上都能把握好一個正確的尺度。平安穩定的局面是最容易維持的，一旦發生了戰亂，那就不太好辦了，就必須去努力安撫。比如在平安時百花會適時開放，人們也安居樂業，不需要我們刻意地去管理，就能使萬事順意；但如果是在戰亂之時，就會成反向，萬事萬物都是如此。而事物在脆弱的時候，是最容易破滅的。而當它變得成熟強大時，就不容易被毀滅了。就像我們經常用的鐵絲，用手折兩下就斷了，但如果用火將它燒煉，使它成為鋼絲，那就不易折斷了。所以，萬物都應在它最薄弱、最安穩的時候把握它。

　　我們如果了解大道的自然規律，就會知道萬物的發展狀況，就能很容易地治理它。比如任何事物都有它細微、弱小的時候，在這個階段我們就能對它進行最有效的管理。就像大樹都是從一個嫩芽長成的，在它未長成形的時候可以任意修正它，讓它按我們的想法去生長，長成我們想要的樣子；但是如果它已經長成大樹，就不好修正了。所以不管是什麼事，都是從小到大發展的：人是由小一天天長大的；萬丈高樓是從一塊塊磚疊起來的；而我們行路也是從第一步開始，一步步走到千里之外的。這就是我們所說的：不積跬步無以至千里，不積滴水無以成江海。

　　這種道理我們都非常清楚，而且也能在一開始的時候認真把握，但是往往時間一長，就很難堅持。這就是我們做事時，經常在快成功的時

候卻鬆懈了，也就導致了失敗。因此老子勸告我們要「慎終如始」，也就是說謹慎認真的態度要從開始堅持到終結。在此老子不僅是告訴我們萬事要小心謹慎，因為只有小心謹慎，才不會有所忽略，才能夠摸清事物的變化，才能夠防微杜漸，才有可能成功。更重要的是將這種謹慎的態度堅持下去，只有堅持到底才會成功，也就不會半途而廢。在我們日常生活中因不認真、不謹慎所導致的失敗和災禍舉不勝舉。比如剛拿到駕駛執照，開車上路的人，都是相當謹慎和認真的，但過了一段時間之後，就認為自己的技術挺好的了，放鬆了認真謹慎，結果導致車禍的發生，造成損失，有的甚至是將性命也搭上了。這一方面是不小心謹慎，而另一方面是自以為是導致沒有堅持。只有堅持，才不可能犯這樣嚴重的錯誤；只有堅持，才能看到成功的笑臉。

古希臘大哲學家蘇格拉底在開學的第一天，對他的學生們說：「今天我們只學習一件簡單得再也不能簡單的事情。你們每個人都把胳膊盡量向前甩，然後再盡量向後甩。」蘇格拉底一邊說，一邊示範著，「從今天開始，每天做三百下。大家能做到嗎？」學生們聽了都笑了，這麼簡單的事怎麼會做不到呢？

一個月之後，蘇格拉底問學生們：「哪些同學堅持每天甩手三百下了？」有九成學生驕傲地舉起了手。

過了大約一個月時間，蘇格拉底又問起學生們，這次堅持下來的學生只有八成。

一年時間過去了，蘇格拉底再一次問大家：「請你們告訴我，那個最簡單的甩手運動，還有誰堅持了？」這時，整個教室裏只有一人舉起手來，這個學生就是後來成為古希臘另一位大哲學家的柏拉圖。

那個甩手的動作與成為哲學家有關係嗎？看起來似乎沒有什麼直接聯繫。但是，無論做世界上最容易的事情，還是做世界上最困難的事情，都少不了「堅持」二字。沒有堅持不懈的精神，最容易的事情就會

變難；有了堅持不懈的精神，最困難的事情就會變容易。

　　雨滴穿石，並非依靠猛勁兒，而是靠持之以恆的滴落。千里之行，並不是一天到達的，而是一步步堅持不停的向前邁進的結果。所以，我們要依靠大道的自然規律，不要強求，只要堅持謹慎，就可以與榮耀握手！

第六十五章　善爲道者

古之善為道者，非以明民，將以愚之。
民之難治，以其智多。
故以智治國，國之賊；
不以智治國，國之福。
知此兩者亦稽式。
常知楷式，是謂玄德。
玄德深矣，遠矣！
與物反矣，乃至於大順。

古之善爲道者，	從前善於行大道的人
非以明民，	不會用道來教人聰明機巧，
將以愚之。	而是用道使人民淳厚質樸。
民之難治，	人民之所以難於治理，
以其智多。	因為他們有太多的智巧心機。
故以智治國，	所以用智巧心機去治理國家，
國之賊。	是國家的災禍。
以不智治國，	不用智巧心機去治理國家，
國之福。	才是國家的福氣。
知此兩者亦稽式，	這兩種治理國家的方式都是法則模式。
常知楷式，	永遠知道這兩個模式，
是謂玄德。	這就是所說的自然無為的德性。
玄德深矣，	自然無為德性深厚啊，
遠矣！	高遠啊！
與物反矣，	同萬物一起返璞歸真，
乃至於大順。	以至於達到完全順應自然。

【智慧解析】

　　世間萬事萬物都有它的本質和規律，人生存在其中只有順應，而不可改變。萬事萬物不會因為我們是萬物之靈，或是因為我們的地位高低就有所改變或順從，在這個規律面前，人與物、人與人都是平等的，無親無疏，無遠無近，無高低與富貴之分，全都要依從它的法則，順道者昌，逆道者亡。所以，我們人就不可能使出任何陰詭心機，既然使不出陰詭心機，那就不要擅動心智。因此，按老子的意思，沒有心智就是最大的心智。要運用我們這大的心智，就要拋棄那些小的心智。特別是領導者，因為你的心智不只是個人的心計，還要變成行動和指示，這樣就會有個整體順道還是逆道的問題，整體順道就會昌盛興旺；整體逆道就會衰敗滅亡。

　　明白了這個道理的領導者，才是一個善於行道的領導者，才會有一個明確的想法：民眾越樸實越好，越沒心眼越好。就像地球每天在轉動，我們在上面應怎樣生活就怎樣生活，不必為了使它轉動得快些而拴上繩子使勁拉，也不必為了使它轉動得慢些而坐在地上不起來。這樣上下、官民就會生活在一個和諧的、同舟共濟的氛圍中，從而國富而民強。這也許就是我們常說的：真正的領導者不需領導，他只需指出方向。而真正的領導者也是不會讓人一眼看出來的，因為他知道大道無為無形的真意！

　　有這樣一個故事：有個人去集市上買鸚鵡，他看到一隻鸚鵡前面的牌子上標著「此鸚鵡會兩種語言，售價二百元」，另一隻鸚鵡前面的牌子上則標著「此鸚鵡會四種語言，售價四百元」。這兩隻鸚鵡都毛色光鮮，非常機靈可愛。這個人看來看去，不知道應該買哪一隻才好。忽然，他又發現另外一隻老鸚鵡，它毛色暗淡且雜亂，標價卻是八百元。於是，這個人好奇地問老闆：「這隻鸚鵡是不是會說八種語言？」店主

回答說：「不。」這個人更奇怪了，又問：「那為什麼它又老又醜，又沒有能力，會值這個數呢？」店主回答說：「我不知道，但是另外兩隻鸚鵡叫這隻鸚鵡『老闆』。」

　　有些人把這個故事當成笑話來講。然而真正的領導者，其實不一定要在所有的方面都強過他人，關鍵是要具有宏觀決策能力，並且信任他人，授權給他人，就能團結和支配比自己更強的力量。因此知道怎樣做的人只能保有一份工作，而知道為何這樣做的人，才會成為領導者。

　　對一個領導者的要求是這樣，必須按道行事才能發展壯大。但是單純依靠領導者一人與道同行是不夠的，雖然領導者處於主導地位，但我們每個人也必須要回應，要與領導者同心同德，共同順延著大道的規律行事，不使陰謀詭計，不運用小的心智詭計才行。如果不是這樣，就算領導者是一個開明的人，而下屬也大部分可以與之同心，也難免會有「一馬勺壞一鍋」的情況發生，而那時也就悔之晚矣了。所以，每個人都要成為領導者，都要成為善於行大道的人，遵守自然規律，順應自然法則。一個處世無求的人，才能真正成為智者，而不是一個看上去心智很多，其實是虛偽愚蠢的人！

第六十六章　為百谷王

江海之所以能為百谷王者，以其善下之，故能為百谷王。
是以聖人欲上民，必以言下之；欲先民，必以身後之。
是以聖人處上而民不重，處前而民不害。
是以天下樂推而不厭。
以其不爭，故天下莫能與之爭。

江海之所以能為百谷王者，	江海之所以能成為萬千溪流的君王，
以其善下之，	是因為它善於處在低下的位置，
故能為百谷王。	所以能夠容納萬千川流而成君王。
是以聖人欲上民，	因此聖賢之人要想處在人上，
必以言下之；	必須對人民表示謙下；
欲先民，	要想處在人的前面，
必以身後之。	必須把人民利益放在自身的前面。
是以聖人處上而民不重，	所以聖賢的人雖居高位而人民不感到沉重，
處前而民不害。	雖在人前而人民卻不感覺到妨害。
是以天下樂推而不厭。	因此天下的人樂於擁戴而不厭棄。
以其不爭，	就是因為他不與人爭鬥，
故天下莫能與之爭。	所以天下沒有人能夠與他競爭。

【智慧解析】

我們在前面已經對《道德經》作了一個簡短的評說，說它不僅是治國安邦的必讀之書，同時也是現代管理不可多得的智慧寶典。而在這一章中，老子就為我們詳細闡述了如何才能得到人民的擁護，更為我們進一步說明了領導者應具備的品德！

前面已經說明了江海之所以能夠容納萬流，就是因為它將自己處在一個低下的位置上。從智慧的角度來講，江海是非常謙虛廉正的，總是以低姿態高標準要求自己，不自視偉大，不以大欺小，所以才能得到萬流的敬仰和擁護，也最終成為無人能爭的萬流之王。

那麼我們做人也是同樣道理，大到治理一個國家，小到一個只有幾個人的小公司，都是一樣的。身為君王，要想國家昌盛發達，成為萬民所景仰的聖賢之君，就應該有江海一樣的胸懷和品行，做到真正的謙虛和廉正，時刻把人民的利益放在首位，體賢下士，不妄自尊大，不是自己高高在上而不可一世，這樣人民就不會感覺到沉重，也不會使人民受到妨害，就會得到人民的擁戴而不會遭到反對。因而也就沒有人想與我們爭鬥，因為任何人都無法與我們抗衡，我們的背後是天下人民的心。在這方面做得最好的是唐太宗李世民。太宗經常對左右說：「治國安邦、為民造福，這是任何一個開明的君王都想做到的，我也不列外。但是只靠我一個人的力量是不夠的，所以我希望我們君臣能一心共為，使天下的百姓也能同心同德。因為這不是我個人的天下，是大家及所有百姓的天下。因此當你們發現我有過失時，要直言告訴我，有好的建議和利國利民之策，也要直接提出來，我們之間不要存有任何疑慮，否則就是對國家和百姓的失職。我們還要認真體察民情，多聽取百姓的意見疾苦。」太宗不僅是這樣說的也是這樣做的，所以才會有中國歷史上著名的「貞觀之治」。

治理國家有這樣的德性和智慧，就能使國泰民安，就能得到人民的擁護和愛戴。如果是一個公司的領導者也擁有這樣的德性和智慧，謙虛廉正，把員工的利益放在首位，與員工同心同德，並以身作則，那樣不僅員工不會感到壓力，自身也不會有任何壓力感。不僅能得到全體員工的擁護和支持，而且還能使公司發展壯大。

吉田忠雄年輕時承接了別人即將倒閉的店鋪，成立YKK拉鏈公司。幾年之後，吉田忠雄擁有四十多家拉鏈廠，遍及世界四十多個國家，年銷售額高達五千多億元，資產八千多億元。分析其成功的原因，主要是吉田以身作則，提倡五個「共同」，即共同工作、共同快樂、共同憂傷、共同學習、共同承擔風險。

這「五共」也是卡特總統擔任州長時為吉田忠雄在美設廠所贈的賀詞，吉田忠雄將五個「共同」身體力行，因此公司上下團結，他的事業蒸蒸日上。

一個國家、一個企業就像一部機器，而君王和領導者就像這部機器的主動力，推動機器轉動；而人民和員工就像這部機器的各個零件，使機器在動力的推動下運轉起來。動力的強勁與否直接關係到機器的運轉速度；而零件的好壞和配合程度決定著機器是否能正常運轉，所以動力和零件只有緊密的配合，才能使機器有力強勁的正常運轉，才能使國家或企業得以正常的發展，並逐步走向興旺發達。而這時這個君王或領導者才能稱之為是有道之人，才不愧有王者之風！

第六十七章　我有三寶

天下皆謂我大，道大似不肖。
夫唯大，故似不肖；若肖，久矣其細也夫。
我有三寶，持而保之：一曰慈，二曰儉，三曰不敢為天下先。
慈故能勇；儉故能廣；不敢為天下先，故能成器長。
今捨慈且勇，捨儉且廣，捨其後且先，死矣。
夫慈，以戰則勝，以守則固。
天將救之，以慈衛之。

天下皆謂我大，	天下人都說：道德廣大，
道大似不肖。	道德廣大又不像任何事物。
夫唯大，故似不肖；	正是因為廣大，所以才什麼都不像；
若肖，久矣其細也夫。	如果像什麼，那早就變得渺小了。
我有三寶，	我擁有三件珍寶，
持而保之。	掌握並珍視它們。
一曰慈，	第一個叫慈愛，
二曰儉，	第二個叫儉樸，
三曰不敢為天下先。	第三個叫不敢做為在天下人的前面。
慈故能勇；	慈愛所以才能勇武；
儉故能廣；	儉樸所以才能寬裕；
不敢為天下先，	不敢做為在天下人的前面，
故能成器長。	所以能夠成為人們的領導。
今捨其慈且勇，	現在捨棄慈愛去追求勇武，
捨儉且廣，	捨棄儉樸去追求寬裕，
捨其後且先，	捨去退讓去追求爭先，
死矣。	那就只有死了。
夫慈，以戰則勝，	用慈愛，來征戰就能勝利，
以守則固。	用來守衛就能堅固。
天將救之，	上天要救助誰，
以慈衛之。	就用慈愛來護衛他。

【智慧解析】

老子在這一章中提出了自己對聖賢之人的真正見解，他認為聖賢的人應該擁有三大法寶，而且要永遠堅守實踐，才能夠做到與大道的融合。這三件法寶就是：仁和慈愛、節儉樸素、謙恭謹慎。

仁和慈愛，就是要對天下的萬物及他人都秉持著一種仁和慈祥的態度，像愛自己一樣的去愛萬物和他人，盡自己的所能去幫助他人。這是第一件法寶，也是為人處世的根本，所以只要我們擁有一個仁和寬厚的慈愛之心，那我們一定會擁有幸福和快樂。

對於仁和慈愛，有這樣一個故事可能會給我們一些啟示：

著名幽默大師威爾·羅吉士年輕的時候曾經遇到過這樣一件事。

有一年的冬天，羅吉士繼承了一個牧場。某天，他的一頭牛衝破附近農夫家的籬笆牆，進入農夫的院子裏吃掉了農夫的嫩玉米。農夫抓住了牛，並且把牛殺掉了。按照農場的規定，農夫應該把這件事告訴羅吉士，並且說明原因，可是他卻沒有這樣做。當羅吉士得知此事的時候，非常生氣，叫一個傭工陪著他去和那個農夫理論。

當時的天氣有些冷，他們在路上凍得夠嗆。到了農夫家以後，發現農夫本人並不在家，農夫的妻子熱情地邀請他們倆進屋烤火。烤火的時候，羅吉士發現農夫的妻子面容憔悴，還發現農夫的五個瘦得像猴子一樣的孩子正躲在桌子後面偷偷地注視著他們這兩個不速之客。

過了不久，農夫回來了。羅吉士剛要開口和農夫理論，忽然決定不說了，相反地，他向農夫伸出了手。農夫並不知道羅吉士的來意，請他們留下吃晚餐，「不過，兩位只能吃些豆子，」農夫抱歉地說，「因為剛剛宰的牛由於起風了還沒有宰好。」面對農夫一家的盛情，羅吉士決定留下來。吃飯的時候，傭工一直等著羅吉士提起牛的事。可是，羅吉士卻始終隻字不提，只是和那家人說說笑笑。而農夫的孩子們一聽說從

明天起幾個星期內都有牛肉吃都高興得眼睛發亮。

　　吃過飯，外面的天氣仍然很冷，農夫又邀請他們住下，於是他們又在那裏過了夜，直到第二天清早吃過早飯才離去。在回家的路上，傭工埋怨羅吉士說：「我還以為你是來興師問罪的呢。」羅吉士想了想，說：「我本來有這個念頭，可是，我又一盤算，我實際上並沒有白白失去一頭牛，因為我換到了一點人情味。世界上的牛何止千萬，而人情味卻很稀罕。」

　　與慈愛的強大作用和美妙結果相比，那付出的一點點物質又算得了什麼呢？慈愛不僅是我們的美德，更是我們與人相處的潤滑劑，是用金錢所無法買到的珍寶。

　　勤儉樸素，就是在生活中秉持著勤儉節省的原則，絕不為外界的任何珠寶美食所誘惑，這樣就不會滋長自己的貪欲，也就能更好的享受生活！下面這個故事能幫助我們更深刻的理解儉樸所能給予我們的是什麼。

　　相傳有一個富人，非常的有錢，每天過著奢侈的生活，可是由於生活過度豪華，反而品嘗不到任何樂趣，非常煩惱。在富人家隔壁，住著一對不是很富有的夫妻，靠做豆腐為生，雖然生活清貧簡樸，卻每天有說有笑，快快樂樂。

　　富人的妻子看到人家每天幸福快樂，十分嫉妒，對富人說：「唉！別看咱們家吃穿無憂，可其實還不如隔壁的窮夫妻呢。人家雖然清貧，可是每天都是快快樂樂的。」富人說：「那有什麼難，我可以讓他們從明天起就高興不起來。」說完，一抬手把一袋子金元寶從牆頭扔到了隔壁的院子裏。

　　第二天一大早，那對夫妻便在院子裏發現了這一袋來歷不明的金元寶。他們先是欣喜若狂，欣喜之餘便開始揣測這袋金元寶的來歷，接著又盤算著能用這錢做些什麼事情，後來又琢磨能不能弄到更多的錢，如

此這般。幾天以來，他們想得是茶不思，飯不香，整夜失眠。從此，再也聽不到他們的歌聲和笑聲了……

一牆相隔的商人對他的妻子說：「你看到了吧？他們再也不說說笑笑了。當初我們不也是這樣開始的嗎？」

在金錢面前無法自持，還不如受窮，就算有了錢也只能感到痛苦。所以儉樸的生活能使我們擁有真正的快樂和滿足！

謙恭謹慎，就是對人對事都要小心謙虛，絕不膽大妄為、自高自大的想做他人的老師或表率，這樣就不會遭到他人的嫉妒和反感，反而會得到他人的尊敬和喜歡！我們再以一個故事來增加對謙恭謹慎的理解。

從前，有一個博士乘船渡江。在船上，博士和船夫閒談。博士問船夫：「你懂得文學嗎？」船夫回答說：「不懂。」「那麼，歷史學、地理學、動物學，植物學呢？」博士接著問。船夫搖了搖頭，回答說：「都不懂。」

於是，博士用嘲諷的口吻說道：「你樣樣都不懂，是個十足的飯桶。」

船行至江中，天色忽然變暗，不久風浪大作，小船在狂風大浪中顛簸，即將翻覆。博士嚇得面如土色。船夫問他：「你會游泳嗎？」博士回答說：「不會。」船夫說：「原來你樣樣都會，就是不會游泳。」

正在說著，小船被一個大浪掀翻了，博士和船夫一同落入江中，博士大呼救命，船夫一把將他抓住，救上了岸。在岸上，船夫笑著對博士說：「你所懂的，我都不懂，你說我是飯桶。但是，你樣樣都懂，卻不懂游泳。要不是我，恐怕你早已經變成一只水桶了。」

沒有處處都不如別人的人，當然也沒有處處都比別人強的人，切莫好為人師。孔子說：三人行必有我師焉。所以只有謙恭謹慎的人，才不會丟人顯眼，才能學到更多的知識，使自己更加厚重也更有智慧！

第六十八章　不爭之德

善為士者不武；善戰者不怒；
善勝敵者不與；善用人者為之下。
是謂不爭之德，是謂用人之力，是謂配天，古之極。

善為士者不武；　　　善於做將帥的人不會逞勇武；
善戰者不怒；　　　　善於作戰的人不會暴怒；
善勝敵者不與；　　　善於戰勝敵人的人不與敵人硬拼；
善用人者為之下。　　善於用人的人對人謙和恭下。
是謂不爭之德，　　　這就叫作與人無爭的德性，
是謂用人之力，　　　這就叫作善於用人的智慧，
是謂配天，　　　　　這就叫作順應天道，
古之極。　　　　　　自古以來的最高準則。

【智慧解析】

上一章說到了人要想與大道融合，就必定要擁有三件法寶，也就是：慈愛、儉樸、謙恭。我們擁有了這三件法寶，並堅持保守三寶，就可以順應大道，自然無為，就會有不爭之德。何謂不爭之德呢？老子在這裏又給我們作了解釋。

《孫子兵法》上講：所謂百戰百勝，算不上真正的高明；不戰而使敵人屈服的，才算是真正的會用兵。所以軍事手段是以智謀為上，其次是外交，再其次是野戰，攻城為最下策。攻城是不得已才採取的措施。有沒有智謀，是看一個將領夠格不夠格的標準。如果僅是敢於拼殺，那不過是一介武夫而已，不能成為將領。可是，將領的智謀是從哪裏來的呢？絕不是來自天生的暴脾氣，而是來自冷靜細緻的對敵我雙方的可靠分析，也就是所謂的「知己知彼，百戰不殆」。

《孫子兵法》中這樣說，每逢戰事之前，對下列情形一定要考察清楚。一是道義，二是天時，三是地利，四是將領，五是法規。道義，是看人民與國君是不是一條心，可以不可以同生死；天時，是看陰陽向背，四時變換，氣候等等；地利，是看地形的遠近、險夷、寬窄、死生；將領，是看各級將軍的智慧、誠實、仁愛、勇敢、嚴明等；法規，看軍隊的編制、官吏的委派、財務的管理等。這些要反覆考察，做出比較。要弄清，國君哪一方有道義？將領哪一方有才能？天時、地利哪一方能把握？法規號令哪一方能執行？軍隊哪一方更強大？士兵哪一方更精銳？賞罰哪一方更嚴明？之後才會有智謀的產生和運用。

誠然這是講打仗用兵的道理，這時擁有道義、天時、地利、將領、法規的人，就是有不爭之德的人，也就是一個智者。那麼在不打仗、不用兵的和平年代，如何證明一個人是不是智者，一個人是不是擁有不爭之德呢？仍然很簡單，不過還要從打仗上談起。

我們都知道，打仗表現的是一種衝鋒陷陣，迎著槍林彈雨冒死向前的英雄本色，是一種英勇的顯示。但這種英勇只能被視為驕勇，因為它缺乏智謀，所以這種有勇無謀也是古人所不取的。歷史上有勇無謀者可謂不少，他們雖然也青史留名，但絕對不是一個有德之名。比如三國時期的呂布、張飛，《水滸》中的李逵等。有勇無謀的人成不了大事。所以只有那些有勇有謀、智勇雙全的人才是真正的得道之人。

古人云：識時務者為俊傑。這個「俊傑」就是有勇有謀的智者，這個「時務」就是順應大道的原則。合起來講就是順應大道原則的人，就是有勇有謀的智者，也就是擁有不爭之德的人。

古希臘哲學家蘇格拉底在西元前三九九年時，被以不信上帝，腐蝕雅典青年的罪名控告，並被判處死刑。在做了一場著名的辯護演說，卻沒能改變判決的情況下，他不聽朋友希望他逃走的勸告，為維護法律而飲藥自盡了。

無獨有偶的是，西元前三二三年，偉大的哲學家和科學家亞里士多德被雅典佔統治地位的反馬其頓派別指控犯有「瀆神罪」。亞里士多德想起了七十六年前老師的命運，他毅然逃離雅典，邊逃邊說：「我不會給雅典第二次機會來犯下攻擊哲學的罪行。」

雖然為了維護真理的尊嚴，有時以死相爭而犧牲是難以避免的。但是，以退為進，等待時機反擊也不失為又一高明的策略。保存我方的實力何嘗不是對敵方的打擊呢？所以說英雄無畏，是謀而後動，不是盲目行動，最終的勝利都是屬於智勇雙全的人。讓我們都成為有膽有識、有智慧和勇氣、有不爭之德的人吧！

第六十九章　哀者勝矣

用兵有言：「吾不敢為主而為客，不敢進寸而退尺。」
是謂行無行，攘無臂，仍無敵，執無兵。
禍莫大於輕敵，輕敵幾喪吾寶。
故抗兵相加，哀者勝矣。

用兵有言：	善於用兵的人說：
「吾不敢爲主而爲客，	「我不敢主動進攻而不得已才應戰，
不敢進寸而退尺。」	我不敢進攻一寸而寧可退後一尺。」
是謂行無行，	這就是說行動看不出有陣式，
攘無臂，	舉起臂攻擊卻看不出舉臂攻擊，
仍無敵，	面對敵人卻好像沒有敵人，
執無兵。	拿起武器卻看不見有武器。
禍莫大於輕敵，	沒有比輕敵更大的禍患了，
輕敵幾喪吾寶。	輕敵幾乎喪失了我的珍寶。
故抗兵相加，	所以兩軍對峙勢力差不多時，
哀者勝矣。	慈悲的一方會得到勝利。

【智慧解析】

　　後人對老子的評價是很客觀的，認為老子不僅是哲學家、思想家、政治家，還是軍事家。

　　不信我們可以考察一下，從老子以後的有名軍事家，沒有一個不是熟讀《道德經》的，而且還要經常溫習，以免有所遲誤，如不是如此，可能就有生命之憂。說得明白一點，知《道德經》，就有腦袋，沒《道德經》，就沒腦袋。可見，老子的言論對軍事戰爭所起的重要作用。

　　老子在這一章中的重要命題就是：哀兵必勝！為何會有如此與眾不同的觀點呢？老子有自己的看法。他認為遭受過挫折和失敗的兵將，其實是遭到了打擊的，已經去除掉了身心上的驕縱與傲慢，並卸除了虛榮之心。因輕敵傲慢所帶來的失誤和漏洞，都已經進行了認真地修補和改正，用血和淚換來的教訓，經過滲透和吸取正一點點在內心中轉變成無窮的力量。這樣的軍隊，還有可能急躁輕浮嗎？還會輕舉妄動嗎？還會靠著主觀意識去判斷嗎？

　　其實不僅是打仗用兵，老子更重要的是在說為人處世的道理。其實我們無論是做什麼事，都不能狂妄自大、浮躁輕敵。那我們的敵人是誰呢？老子曾經告訴過我們，所有與我們對立的都是敵人，所有我們要征服的都是敵人。但是我們真正的、最大的敵人其實是自己。我們能夠看清敵人的一舉一動，了解對手的活動意圖，探知敵人的缺點和失誤，但是，我們能夠對自己的缺點、毛病知道多少呢？

　　我們之所以經常失敗，不是因為敵人比我們高明，而是敗在自己的狂妄自大、焦躁輕敵的心境中。我們之所以不敢直面自己的缺點或是承認失敗，是因為我們從來也不曾把虛榮心丟掉。正如杜牧在總結秦朝滅亡時說：「滅秦者，秦也，非天下也。」現在套用一句俗話：「天作孽，猶可恕；自作孽，不可活。」所以說是我們自己殺死自己的，不要

怨天尤人！我們最大的缺點就是自以為是，明明不知道的事情，偏偏要裝做很懂的樣子，結果輕者鬧出不少笑話，重者命送黃泉。因此有一位哲人說：智者是不會自驕自大、自以為是的，這樣做的只有蠢人！

有這樣一個年輕人，在大學時是一個高才生，並且擁有三種過人的技能：文筆好，提筆成詩；口才好，出口成章；記性好，過目不忘。正因為這三點，使他自負自大，瞧不起別人，認為誰都不及自己有才華和能力。畢業後走上社會，由於自負得罪了很多人，遭到了諸多嫉恨。才華得不到施展，越來越鬱悶和苦惱，最終跳樓自殺了。

我們要想戰勝別人，首先要戰勝自己。我們想要了解別人，首先要了解自己。自己是另一個別人，別人是另一個自己，只有像了解別人一樣了解自己，才能給自己最正確的判斷。然而，要做到這一點是很不容易的，只有真正的智者才可以做到。所以聖埃格楚佩里曾經說過一句名言：判斷自己要比判斷別人難得多！

我們在殺死別人時，也同時殺死了自己；我們在維護別人時，其實是在維護自己。因此只有像容忍自己一樣去容忍別人，才能發現別人的缺點和毛病，其實就是自己的缺點和毛病，這樣就可以更多地認知自己了。所以不要忙著進攻別人，先對自己進行必要的調整；不要忙著批評別人，先看看自己的心態是不是真正正確。知道怎麼對付自己了，自然就知道怎麼對付別人了，讓自己成為哀者，才有可能取得最後的勝利！

第七十章 被褐懷玉

吾言甚易知，甚易行。
天下莫能知，莫能行。
言有宗，事有君。
夫唯無知，是以不我知。
知我者希，則我者貴。
是以聖人被褐懷玉。

吾言甚易知，	我的話很容易理解，
甚易行。	也很容易實行。
天下莫能知，	但天下的人卻不能明白，
莫能行。	也無人能夠實行。
言有宗，	言論都是有宗旨的，
事有君。	行事都是有根本的。
夫唯無知，	正是因為人們不知曉這個道理，
是以不我知。	所以才不理解我。
知我者希，	理解我這道理的人很少，
則我者貴，	能實行我的話的人就更可貴了，
是以聖人被褐懷玉。	所以聖人穿著粗衣而懷裏卻揣著美玉。

【智慧解析】

老子有一個很苦惱的事情，那就是他的道理是最自然、最簡單的，也非常容易實行，但是理解和能夠實行的人卻少得可憐。所以那些能夠理解和實行老子道理的聖人，都隱沒在世俗之中，雖然穿著很簡樸粗陋，但他們卻身懷美玉一般的品德而不露。就像一些小說裏描寫的那樣，真正有本事、有能力的高覺之人，從外表是看不出來有特殊之處：長得平常，穿得也很破舊，總之是不起眼的。等到人們真正認識他們之後，就感覺不到他們的平凡了，就會認為他們的長相氣質都是與眾不同的。由此看來人們還是注重內心世界的真實的。

小說中的描寫不無道理。我們在社會上立足，得有資本與實力，沒有外在的資本，也要有內在的實力。因此不管是男人還是女人，都希望自己擁有漂亮外形，特別是女人，有一張迷人的臉蛋和誘人的身材比什麼都重要。可見美麗誘人也是一種資本和實力，並且在當今社會還是一種不可輕視的資源。因為有很多讓人羨慕的職業，都對人的形體、相貌有很高的要求，不符合要求也就與這類職業無緣。

外表和穿戴確實十分重要，但是儀表美和心靈美到底哪一個更重要呢？對於這個問題，有一個智者曾經說過這樣的話：美麗的外貌是膚淺的，錦繡的心靈是厚重的！我們承認美貌令人心情愉悅，使人賞心悅目，但是我們不可以貌取之，不可忽略內心世界的豐厚。因為真正的寶石是深藏在粗陋的沙石中的，而發亮的卻不都是金子。

如此說來，儀表美就不重要嗎？那倒不是。一個人的外貌儀表的美麗和整潔，不僅反映著本身的修養，也表露著對他人的尊重。但是外貌畢竟是外貌，衣服畢竟是衣服，它們有時還是不能正確如實地反映一個人的內心世界和道德品質。外貌好看，衣服華美，內心純正，智慧超常，這是任何一個人都希望擁有的。可是，上天是往往不會讓我們十分

如意，比如有的人有了好看的外貌就失去了聰明的頭腦，而有的人有了聰明的頭腦，就難得有一個華麗的外貌。就像我們玩的布娃娃，外面的衣著很華美，容貌也很漂亮可愛，而內裏卻是草絲或棉絮。其實這不能怪上天，真正的原因還在我們自己。當我們過於把自己外貌的漂亮當回事，把這當成唯一的資本時，就不會在其他方面用功了；而沒有好看的外貌可依恃的人，為了能在社會上佔有一席之地，就會在其他方面下工夫，比如下苦心鑽研技術，學習外語等，通過堅持不懈地努力，就有可能成為老子所說的那種被褐懷玉的人。

所以追求內在厚實的人，往往忽略外貌膚淺；在外表上特別下功夫的人，其內在魅力有時要打些折扣。因此一個人的真正的美麗是內在的豐富，它不僅代表著一個人的道德修養，還能彌補外在的不足，或是使外在的美麗更加豐滿成熟。

有一個漂亮的年輕人，對自己的外貌非常自信，而且認為可以用此來當作資本，打下一片屬於自己的天地，取得令人羨慕的成功。於是他到處去嘗試，可總以失敗告終，他甚至去考模特兒都沒有成功。不是因為口才太差，就是因為學歷太低。他非常苦惱，對自己的外貌也產生了懷疑，他把這種心情告訴了他的父親。他的父親是一位老船長，聽完兒子的訴說之後，看著體貌健美的兒子說：「一塊礁石再漂亮，也不會有船停靠的，只有當它變成碼頭，才會吸引來船隻！」

兒子聽完這句話，思考了很久之後，就不在四處去嘗試了，而是靜下心來刻苦的讀書。幾年之後，他成為了知識豐厚的博士，他的畢業論文在社會上引起了不小的轟動，使不少公司爭相聘請。

我們看到，外貌的優秀不一定會帶來成功，但是內在的豐厚卻一定會使我們有所成就！

第七十一章　不知知病

知不知上，不知知病。
夫唯病病，是以不病。
聖人不病，以其病病，是以不病。

知不知上，	知道卻虛心地以為不知道是最好的，
不知知病。	不知道卻裝作知道就是毛病，
夫唯病病，	只有知道毛病是毛病，
是以不病。	才不會真有毛病。
聖人不病，	聖人是沒有毛病的，
以其病病，	是因為他知道毛病是缺點，
是以不病。	所以才沒有毛病。

【智慧解析】

俗話說：人貴有自知之明。但是有多少人能夠做到自知呢？老子一直感歎人類的不自知，也直在強調我們必須要知道自己的斤兩。所以老子才說：自己知道的事，也要很謙虛的向他人請教，有可能就知道得更加詳細和徹底；而自己不知道的事情，偏偏裝做知道的樣子，那不僅不能真的知道，而且是最要不得的毛病。因此亞歷山大‧蒲伯說：一知半解是件危險的事情。看來學識淺薄本身是一件危險的事；但明明學識淺薄，卻偏偏自認為學識淵博，就更是一件危險的事。

我們說某某人經常自作聰明。自作聰明的人就是學識淺薄，但卻自以為是的人。這是一種既要不得也必須改正的毛病。但是這種要不得的毛病在我們的身上，卻經常可以看到。

我記得有一個相聲就是諷刺這種行為的。裏面說有一個人什麼都不懂，但是卻裝做沒有他不知道的事情的樣子，名字叫「賈行家」。人家說宋版書值錢，他就湊過去說，沒錯，一頁值七八塊錢呢！他家就有一本宋版書，有新華字典那麼厚，這要賣得賣多少錢那？人家一聽，就問他是什麼書？您猜他怎麼回答，他說書名叫《康熙字典》。宋朝都出來《康熙字典》了，結果鬧了大笑話。這還是好的，只不過是吹吹牛而已，後來和一個叫「滿不懂」的人，合夥開藥鋪，差點把自己都賣給人家做藥材。您說可笑不可笑？

我們也別只顧笑話別人，相聲的素材來源於生活，在現實生活中就有很多這樣的「假行家」，說不準就在我們身邊，也說不準就是我們自己。

按說人類是最聰明的，是最應該了解自己的，為什麼呢？因為大道是我們的母親，是我們的保護神，在世界萬物中，只有我們可以上比天、下比地，讓我們的心靈與大道相交，借助大道的威力，來拓展我們

自身的生存空間，以謀取到更大的自由。

何為自由？在空中飛翔的鳥，在水裏暢游的魚，在花間飛舞的蜜蜂，在山上跳躍的猴子，在草原上馳騁的野馬，我們能說它們不自由嗎？那我們也像他們一樣就是自由嗎？不是，人的自由不是這些。人的自由是與道合一，順道而行，神情自然，生活飄逸，在天地之間，卻又超逸於天地之外；操勞在事物之中，卻又駕馭著事情的走向，這才是自由。自由是一種幸福的感覺，有的人生活在歌舞昇平中，卻沒有感覺到幸福；而有的人生活在忙碌的耕作中，卻覺得很幸福。

而老子說真正的自由和幸福，就是知道自己的不足和毛病，並能補充和改正。只有知道自己無知的人，才有最大的自由和幸福。知道自己無知，就可以隨時驅除內心遺留多年的殘渣與污穢，將心靈的倉庫洗刷乾淨，來補充和裝載乾淨有用的東西。滋補修養自己的身心，這才是真正永遠的自由；學到更多的有用的知識，豐富了自己的頭腦，開闊了自己的眼界，才是真正永遠的幸福。

不知自己無知的人，不僅無法增長自己的學識和智慧，不能拓展自己的眼界和淨化自己的心靈，而且也不會有真正的自由和幸福。

有這樣一個人，幾乎人人都不歡迎他，但他不知道是什麼原因。即使他參加一個公眾集會，人人見了他都退避三舍。所以，當別人互相寒暄談笑、其樂融融之時，他也只能一個人獨處在屋中的一個角落。即使偶然被人家注意，片刻之後，他也依舊孤獨地坐在一邊。這類人好似冰塊一樣，好似失去了吸引力的磁石。這個人之所以不受歡迎，在他自己看來仍是一個謎，他具有很大的才能，又是個勤勉努力的人。他在每天工作完畢以後，也喜歡混在同伴中尋快樂。但他往往只顧到自己的樂趣，而常常給人難堪，所以很多人一看到他，就避而遠之。但他絕未想到，他不受歡迎最關鍵的原因乃在於他的自以為是，自以為是使他不能贏得人心的主要障礙。他只想到自己而不顧及他人。他竟然一刻也不能

把自己的事情擱起來，與朋友們談談他人的事情。每當與別人談話，他總是要把談話的中心，集中在自身或自己的業務上。

當一個人的頭腦中已經裝滿東西，特別是已經裝滿了自己的東西的時候，又怎麼可能加進去其他東西呢？自以為是的人就像是用牆堵住自己前進的路，連路都沒有了，又怎可能有自由和幸福呢？缺乏謙虛就是缺乏知識，就是閉塞了自己的耳目，堵住了自己的去路。因為自大者根本就不知道世界上還有其他知識，也就無法看清自己、了解自己，也就更不知道自己有病，這才是真正的病入膏肓了！

第七十二章　自知自愛

民不畏威，大威至矣。
無狹其所居，無厭其所生。
夫唯不厭，是以不厭。
是以聖人自知，不自見；自愛，不自貴。
故去彼取此。

民不畏威，　　　　　　當人民不畏懼統治者的威嚇時，
大威至矣。　　　　　　大的禍亂就要發生了。
無狹其所居，　　　　　不要逼迫得人民沒有居住的地方，
無厭其所生。　　　　　不要欺壓得人民無法生活。
夫唯不厭，　　　　　　只有不欺壓人民，
是以不厭。　　　　　　才會不被人民厭棄。
是以聖人自知，不自見；　因此聖人有自知之明，而不自我顯耀；
自愛，不自貴。　　　　自己珍愛，而不自顯高貴。
故去彼取此。　　　　　所以捨棄後者而取前者。

【智慧解析】

有能力、有權勢的人，自然會得到他人的崇敬與畏懼。但是，有時他們卻不能得到他人的畏懼與崇敬，也就是災禍和苦難降臨的時候。這是為什麼呢？為什麼他人不再懼怕和崇敬有能力、權勢的人了呢？其原因來自那些有能力、有權勢的人本身，是他們自己迫使他人不再懼怕和崇敬他們了。他們使得他人不能安居樂業、不能幸福生活，令他人不得不產生厭惡情緒，並且起來反抗。

這對一個國家的君王或統治階級來說是最慘烈的事，也是他們最不願看到的事情。應該怎樣杜絕這樣的事情發生呢？只有君王或統治階級不欺壓人民，不逼迫人民，才不會使人民感到厭惡，也不會使人民起來反抗。如何做到這一點呢？那就是君王或統治階級能夠有自知之明，不過分顯示自己的權勢，明白「民可載舟，亦可覆舟」的道理，並且自重自愛，不過分強調自己的尊貴，就可以避免人民的反抗。

對於一個君王或統治階級有這樣的要求，它對於每個平凡的人來說也是一樣適用的道理。在認識和實踐了大道的時候，要珍愛自己所擁有的，明瞭自己所沒有的，不要讓他人感覺到我們的出眾，也不要讓他人感覺到我們的尊貴，以免耀人眼目，使他人厭煩，這樣我們就不會與他人發生衝突，而不能和平相處了。

自知和自愛是人們難得的品行，是順應大道規律的德性。因為只有自知才能知人，只有自愛才能愛人。但是，我們往往在自知和自愛的時候，不能很好地把握分寸，有過分在意自己和顯示自己的行為。結果把自知變成了自現，把自愛變成了自貴，其產生的作用不僅是相反的，而且還會遭到他人的抱怨。

有一個富人是一個很懂得自愛和自知的人，他很善良，幫助貧窮的人，人們從來沒有感覺到他在顯示和炫耀自己，而是一種朋友式的關

心，親切自然，得到眾人的讚許和尊敬。於是，有人就問這個富人是如何做的，怎會有這樣的心態？富人就給那個人講了他自身的一件事。

富人因原來的房子破舊了，就重建了一所房子，還特意為那個新房子做了一個很大的屋簷，為那些無家可歸的人提供一個躲避雨雪的地方。房子建好後，果然有很多的窮人來到這裏躲避雨雪。但是人多噪雜，使富人一家沒法正常的生活，為此他家裏人常與那些窮人爭吵，結果鬧得很不愉快。

第二年冬天的一個晚上，有一個老人凍死在屋簷下。那些與他家人爭吵過的人，就紛紛罵他為富不仁。過了些日子，一次颱風的侵襲，把富人的大屋簷掀翻了，那些與富人不和的人就幸災樂禍，並說這是上天的懲罰。富人吸取了教訓，在修建屋簷的時候，將屋簷建得很小，把省下來的錢建了一所小房子。雖然房子小了些，並且比較簡陋，但是給了那些窮困無家的人一個真正的避風港，所有在這裏得到暫時庇護的人，都對建這座房子的主人表示感謝。而富人不僅滿足了自己行善的心願，也得到了很好的口碑。

富人最終明白了一點：施人以愛其實就是自己獲得自愛的保證，只能讓他人感覺到這是一種關懷，而不能讓他人感覺到是施捨，更不能讓他人感覺到有仰人鼻息的自卑感，因為一旦受助者有了這種感覺，那就變成了敵人。

所以，真正的自知和自愛，不強調自己對自己的肯定，而看重他人對此的感受，只有他人感覺到平等的時候，我們的自知與自愛才能得到充分的崇敬！這也正是老子所說的聖人所要取得的。

第七十三章　天網恢恢

勇於敢則殺，勇於不敢則活。
此兩者，或利或害。
天之所惡，孰知其故？
是以聖人猶難之。
天之道：不爭而善勝，不言而善應，不召而自來，繟然而善謀。
天網恢恢，疏而不漏。

勇於敢則殺，	勇敢到膽大妄為的時候就會被殺死，
勇於不敢則活，	勇敢但不忘乎所以就能活下去，
此兩者，或利或害。	這兩種選擇，或得利或遭害。
天之所惡，	上天所厭惡的，
孰知其故？	誰能知道其中的原因？
是以聖人猶難之。	這是聖人也很難了解的。
天之道：	自然運行的規律：
不戰而善勝，	是不爭戰而善於取勝，
不言而善應，	不說話而善於回應，
不召而自來，	不召喚而自動到來，
繟然而善謀。	從容寬廣而善於計謀。
天網恢恢，	上天的網廣大無邊、連綿不絕，
疏而不漏。	網眼稀疏卻不會遺漏。

【智慧解析】

在這一章中，又有一句老子的名言被廣為流傳和廣泛使用，那就是「天網恢恢，疏而不漏」！其實這句話更多的是被使用在犯罪分子，或是那些多行不義的人身上。

老子在上一章中為我們剖析了自知與自見、自愛與自貴的分別，並勸告我們做人要自知和自愛。而自知和自愛還有另外一層含義，那就是要愛惜自己的性命和身體，要知道有可為，而有可不為，只有這樣才是真正的知愛自己，也同時是知愛他人。

真正勇敢的人是懂得自知與自愛的。那何謂勇敢呢？老子認為勇敢有兩種解釋：一種是勇敢到膽大妄為的程度，肆無忌憚，沒有不敢做的事，殺人放火、搶劫偷盜、強姦販毒、橫行霸道。這不是真正的勇敢，而只是無知無謀的匹夫之勇，因為他們不懂得自知自愛，也不懂得知人愛人，遲早有一天會遭到報應而滅亡。另一種是勇敢而不忘乎所以，知道何事可為，而何事不能為，不胡作非為，而是用自己的勇敢來幫助他人，保護自己。這才是真正的勇敢，因為他們自知自愛，也知人愛人，所以他們就不會滅亡。

這兩種勇敢，以大道的原則來衡量，前者是與大道相違背的，不滅亡才怪；而後者是符合大道原則的，又怎會不存活？所以老子認為後一種勇敢是值得提倡和發揚的，而前一種是應遭到棄除的。

前一種勇敢不是勇敢，是犯罪，是多行不義必自斃，無異於自掘墳墓，等到報應的時機來到時，就躺到自己建好的墓穴中去了，說白了就是在找死和等死，除此之外，別無可能。這裏所說的報應就是我們所常說的：惡有惡報，善有善報，不是不報，時機未到，時機來到，一切全報。而天網恢恢，疏而不漏，就是在尋找懲罰、報應這種勇敢的時機。

前不久某報報導：一個十六歲的高中生，因為父親去世，母親對他

寄予極大希望，讓他刻苦學習，考大學。而他貪玩吃不了苦，討厭母親的絮叨，逐漸產生了希望母親最好也早些死去的念頭，後來又得知家裏有一筆錢，因此動了謀財害命之歹念。更令人瞠目結舌、難以理解的是，在他殺害母親之前，竟然作了充分的準備。

先是制訂了詳細的計劃，把謀殺母親的時間定在了一個任何人都想不到是他的時間裏。然後，又經過了一段時間的準備，包括假裝開始認真學習，不再讓母親絮叨，以降低母親的戒心，然後在每天吃完晚飯後，陪同母親到外面去散步，裝出非常孝順的樣子，減低周圍鄰居對他的懷疑。一切先期準備差不多了，離所定的日子也沒有幾天了，於是他開始著手制訂具體的實施方案。他母親由於有嚴重的神經衰弱，所以每天中午吃完飯後，都要吃兩粒安眠藥，然後睡午覺。鑒於此，他在頭一天晚上裝肚子疼，一夜沒讓他母親睡覺，第二天又在家待了一上午，到吃過午飯後，他才說自己肚子好了，要去上學，於是離開了家。

他母親因前晚一宿沒睡，所以就在他走了以後，吃了兩片安眠藥就睡覺了，而且睡得很熟。這時他和被他脅迫的同學，悄悄返回家中，先將窗戶關好，再將煤氣打開，然後和同學一起用枕頭將他母親捂死後，將一切痕跡都抹掉，才與同學一起溜出家門。又將自己的手錶撥快了半個小時，與那個同學去找另外一個同學。到那個同學家裏後，說現在時間還早，才十二點二十，就拉著另外的那個同學，一起到公園裏玩了一會兒，趁機將錶又撥了回來，告訴同學時間不早了，該去上學了，之後就像沒事人一樣去上學了。放學後，又找了其他幾個同學和他一起回家，到家後才假裝發現煤氣外洩，母親已被薰死了的假象，迷惑了所有在場的同學。報案後，他又在街坊鄰居的勸慰中裝可憐，一直痛哭不止，博得了很多人的同情。

為了擺脫自己的嫌疑，他還認真地配合警方工作，曾一度將辦案人員迷惑。但是「天網恢恢，疏而不漏」，最終，警方還是從被他脅迫的

那個同學身上找到了線索，使案情真相大白，而他和他的同學都沒有逃脫法律的制裁。

　　這個男孩的作為先不說有多麼喪盡天良，單說他的行為就是屬於前一種勇敢，也正因為他的膽大妄為，使他最終也沒有逃脫掉自取滅亡的下場。所以，我們都不要做這樣的勇敢者，因為就算能僥倖逃脫人間的治罪，也不會逃脫上天的懲罰。

第七十四章　民不畏死

民不畏死，奈何以死懼之？
若使民常畏死，而為奇者，吾得執而殺之，孰敢？
常有司殺者，夫代司殺者，是謂代大匠斲。
夫代大匠斲者，希有不傷手矣。

民不畏死，	人民不畏懼死亡，
奈何以懼之？	又豈能以死亡來恐嚇他們？
若使民常畏死，	如果人們畏懼死亡，
而為奇者，吾得執而殺之，	那些為非作歹的人我就可以把他們抓獲而殺掉，
孰敢？	誰還敢為非作歹呢？
常有司殺者。	通常有專職的官員去殺罰。
夫代司殺者，	要是代替專職官員去殺罰，
是謂代大匠斲。	就如同代替木匠去砍木頭一樣。
夫代大匠斲者，	代替專業木匠去砍木頭的人，
希有不傷手矣。	很少有不砍傷自己手的啊。

【智慧解析】

俗話說：螻蟻尚且偷生，何況人乎？由此看來生與死對人來講是一件大事，是不敢當兒戲的，所以沒有人是不畏懼死亡的。那麼有沒有人就不怕死呢？當然有！當人生不如死的時候，當人對生存的恐懼大於死亡的時候，人就不再懼怕死亡了，死亡倒成了一種解脫，似乎是很平常的事。如果是一個人這樣，有可能是因為某種自身的原因造成的，但是如果整個國家的人民都是這樣的話，那只能說明一點，就是這個國家的君王太昏庸、太殘暴了，使社會黑暗到了極點，以至於是非黑白都被顛倒了。這時人民自然就不怕死了，因為怕也是死，不怕也是死，餓死也是死，苦死也是死，愁死也是死，不如乾脆讓人殺死。

如果一旦人民都不再懼怕死亡了，那國家的制度、刑罰也就如同虛設，或者說根本就起不了任何懲處震懾的作用，因此那些鋌而走險、為非作歹、燒殺搶掠、作奸犯科之徒也就越發增多和猖獗。一個國家的君王或是統治機構，如果能一心為人民著想，以人民的利益為重，讓人民安居樂業，幸福快樂地生活，並且經常對人民進行道德法律制度的宣傳教化，使人民畏懼死亡的同時又明瞭法規制度的限制，在萬不得已的時候才動用死刑，這樣使人民明白刑罰的威嚴，又知道生命的寶貴，那就不會有人再敢以身試法，而人民也自然不會冒死犯險了。這時才能真正收到懲戒的效果，也才能真正做到殺一儆百。

真正能收到殺一儆百的效果，那就是一種智慧的象徵。不然總是殺百儆一，那就得不償失了，既起不了警醒的作用，也達不到懲處的效果，弄不好最後連自己都搭進去。在日常生活和工作中利用這種殺一儆百的方法，有時還真能收到非常好的效果，所以這種方法也是一種極高明的管理手段。

我們常說：殺雞儆猴！那麼殺個人來震懾大眾也不是不能。古往今

來這樣的例子很多，其中最有名的就是孫武練兵。戰國時，有一個叫孫武的人，用兵如神。後來被一個國家請去，為了向國君證明自己的能力，就請國君給自己一支軍隊來操練。國王為了考驗孫武是不是有真才實學，就將自己後宮的妃子和宮女組織起來，讓孫武操練。孫武來到教軍場的點將臺上，面對下面這些戎裝的女子下達了整隊集合的命令。但是這些女子一來從未穿過軍裝覺得好玩，二來又仗著自己是國王後宮的人，根本就不把孫武放在眼裏，所以只是互相說笑，對孫武的命令根本不予理睬。孫武也不氣惱，又態度平和地第二次命令整隊集合，但是依然無人回應，而且其中的兩個隊長自恃是國王最疼愛的妃子，還嘲笑孫武。孫武又一次下達了整隊集合的命令，仍然無人理睬，那些女子只顧說笑。

孫武命人擊鼓，三通鼓響以後，這些女子才勉強站開，但是非常地懶散，尤其是那兩個隊長。於是孫武說：「我一而再再而三地命令，卻無人肯聽，是不是沒有聽到我的命令呢？」女子們有氣無力地回答說「不是」，孫武又說：「既然不是，那就是無視軍法和將令，雖說法不責眾，然而隊長帶頭不予執行，只能說隊長是無用的，既然無用也就可以不用了。」於是，叫來軍士將兩名隊長就地砍頭，以整視聽。眾女子看到國王的兩個愛妃都被斬首了，大家都老實了。孫武又說：「現在我重新任命兩個隊長，按我的命令操練，能不能做到？」眾女子齊聲高喊「可以」。於是一支整齊劃一、訓練有素的女子兵團呈現在國王面前。

孫武的這個殺一儆百，就使用得非常得當，不僅樹立了自己的威信，而且嚴明了軍紀，所以《孫子兵法》也才能萬古流芳。當然如果是應用在現在的企業管理中，只要能明白這種領導智慧的使用技巧，就能收到良好的管理效果，不用真的殺人。

第七十五章　賢於貴生

民之饑，以其上食稅之多，是以饑。
民之難治，以其上之有為，是以難治。
民之輕死，以其上求生之厚，是以輕死。
夫唯無以生為者，是賢於貴生。

民之饑，	人民之所以饑餓，
以其上食稅之多，	是因為統治者的稅賦太多了，
是以饑。	所以才會饑餓。
民之難治，	人民之所以難以治理，
以其上之有為，	是因為統治者強作妄為，
是以難治。	所以才會難於治理。
民之輕死，	人民之所以輕視死亡，
以其上求生之厚，	是因為統治者太貪圖豐厚奢侈，
是以輕死。	所以人民才會不怕死亡。
夫唯無以生為者，	只有那些不貪圖享樂、無為的人，
是賢於貴生。	才會比貴重生命享受的人要賢明。

【智慧解析】

統治階級與被統治階級的矛盾是從開始有階級分化就存在的，至今仍是如此，這種矛盾是難以調和的，是對立統一的。矛盾平緩的時候，標誌著統治階級的治理是以人民為重的，這時人民安寧富裕，而統治階級也興盛強大。但矛盾激化的時候，特別是封建統治階級殘暴與貪婪，這時矛盾的雙方就會勢不兩立。人民就會鋌而走險，起來反抗統治者，有扯旗放炮佔山為王者，有為匪為盜殺富濟貧者。而統治階級就要以武力進行鎮壓和圍剿。對立的雙方不惜一切代價，要把對方置於死地。

這時的人民已經置生死於不顧了，而統治者也感覺到強烈的危機，雙方展開較量是水火難容的。如果統治階級戰勝了，會有無數的人死掉，其中的反抗者自己死了還要株連九族。如果人民戰勝了，就會有新的領導者誕生，由人民變成新的統治者，就又形成了新一輪的對立關係。而我們的古代社會就是在這種不斷的循環中，逐步發展前進的。

由此可見，民與官的矛盾是不可能消失的，在任何時代、任何社會體系都會有這種矛盾的生長空間。除非沒有統治階級，沒有管理者的存在，那這種矛盾也許就沒有了。但是還會有新的矛盾產生的，更何況不可能沒有管理者，那樣的話就不是一個社會了。俗話說：蛇無頭不行，鳥無頭不飛。人如果無首，豈不就是一具死屍了嗎。所以說在任何時候對一個國家來講，都不能沒有當官的，都不能沒有管理者。但是當官的不是要為己謀私利而做官，那樣的官不僅謀不到私利，還會連官都作不成，甚至丟掉性命。官者管也，所以當官是要進行管理的。這種管理不是按照自己的意志，想怎樣管理就怎樣管理，那就成了一言堂了。應是按照事物發展的規律和其本來的習性加以引導。

按照老子的觀點，說引導是為了好聽，其實事物的規律是自然而然就存在的，我們管理只是按照其自然規律來調整自身而已。所以作為一

個領袖或者是君王，在治理國家時最高明的策略就是「不管」，只是以正確的方法加以調整，使自己和人民都順應自然的大道，按照客觀規律生活和工作，就可以永保平安康樂。

對於一個國家的統治者是這樣的要求，那麼延伸到一個企業、一個公司的領導人，也同樣是這樣的要求。如果我們是一個企業的領導者，我們只有以事物自身的發展規律，以及市場變化的規律為指導原則，進行相應的企業謀劃和制訂相應的管理制度，才能確保企業之舟順利航行，才能使企業日益發展和壯大。如若不然，那只有看著企業之舟在市場的汪洋中沉沒，只有等著企業萎縮衰敗。

那麼怎樣才是符合客觀規律的管理？怎樣才是順應大道的管理呢？答案其實很簡單。人們之所以怨聲載道，就是因為管理者的方法不正確，導致人們賺不到錢；人們賺不到錢，自然對管理者有意見，也自然就不會服從管理；不服從管理也就表明管理者的管理水準太差，違背原則規律的制度太多；還表明管理者只顧自身私利，而不顧人們的整體利益。所以只要我們能消除人們的怨氣，使人們得到他們應得的利益，人們自然會服從管理，也就證明我們的管理是正確的，是符合規律的。

所以要成為一名真正的管理者，而不是一名官吏者。真正管理者是不會，也不敢用自己的主觀意識去判斷事物的發展變化的；真正的管理者是在自然經濟時代要遵從自然規律，而在科學時代遵從科學精神的；真正的管理者是嚴格按照事物的客觀規律進行順延和引導的。因此，我們只有成為一名真正的管理者，才有可能使自己成為受人尊敬和使人服從的人！

第七十六章　柔弱處上

人之生也柔弱，其死也堅強。
萬物草木之生也柔弱，其死也枯槁。
故堅強者死之徒，柔弱者生之徒。
是以兵強則不勝，木強則折。
強大處下，柔弱處上。

人之生也柔弱，	人在活著的時候身體是溫柔軟弱的，
其死也堅強。	在死亡以後軀體卻堅固僵硬。
萬物草木之生也柔弱，	萬物草木活著的時候是柔軟脆嫩的，
其死也枯槁。	在死亡以後就變得枯槁了。
故堅強者死之徒，	所以說堅固強硬的東西是與死亡同一類的，
柔弱者生之徒。	柔弱細微的東西是與生存是同一類的。
是以兵強則不勝，	因此用兵逞強就不會勝利，
木強則折。	樹木強硬就會折斷。
強大處下，	堅固強大是向下衰落的態勢，
柔弱處上。	柔弱微細是向上發展的態勢。

【智慧解析】

在前面章節中老子為我們講述了生與死的關係，以及生死的道理。其實人沒有不懼怕死亡的，也沒有討厭生存的，因為生與死是有很大區別的。生與死的最大區別就是一個「溫柔軟弱」，一個「堅硬剛強」。老子以人與草木的生死現象進行了形象地分析，他說人在活著的時候是溫柔而軟弱的，而死了以後卻堅硬挺直；草木在活著的時候是柔軟細弱的，而死後卻乾枯直硬。所以說溫柔軟弱是符合生的原則的，而堅硬剛強只符合死的條件。

我們不是也經常說：百煉鋼也成繞指柔嗎？堅硬的鋼鐵尚希望有柔軟的一面，來求得生存的條件，又何況是活生生的人呢？我們是不是更需要以百柔的態度來面對人生，來為人處世呢？我們經常說某某人性格好，大家都願意與他打交道，願意和他共事，並且都很尊敬他。我們仔細想一想，這樣的人是不是一個很柔和、很細膩的人。所以，真正有智慧的人，正是這種善於以柔弱來表現自身，來博得大家認同的人。他們的行為風格不正是與生之道相吻合的嗎？因此我們在為人處世時不能太過強硬，這樣對自己和別人都沒有好處，應該柔弱一點，凡事給自己和他人留有餘地，這樣就不會硬極而折了。

格諾瑪就是一個悟出這個道理的人，他在一家規模龐大的連鎖百貨公司處理顧客申訴案件。人們常常闖進他的辦公室，滿腹牢騷地抱怨：「這個洗衣機、空調、冰箱或其他任何產品，我買來的時候就已經壞了！」而且所有到零售商店申訴的顧客都異口同聲地說：「它原本就是壞的！」這話正如邱吉爾所言：這是個「不精確的術語」。不可能所有東西都本來就有故障——不會有人買到一部不能用的洗衣機、電話或音響，直到兩年之後才找上門來！而每個人的最後一句話都是：「你說，該怎麼處理？」

格諾瑪真想說：「我已經聽了你半小時，覺得你真討厭。我現在最想做的就是叫你馬上滾開！」當然，這些話只能在心裏講給自己聽，非但嘴上不能說，連表情也不能流露出半點厭惡。

　　格諾瑪經歷了無數苦難與磨練之後，終於得出一個結論：如果一開始就問他們希望他做什麼，情況便好多了。顧客衝進格諾瑪的辦公室時，通常情緒激動，急切希望有所行動。他先請他們冷靜，然後說：「請你相信，我跟你站在同一邊，真心希望幫你解決問題。首先，可不可以請你告訴我，你希望我做什麼？」

　　一般那些顧客會停一下，然後重新開口：「但是，我要你先知道自從我在你們店裏買了這東西後，受過多少折騰。」

　　「我了解，」格諾瑪總是回答，「而且，我想幫忙。但是，首先你得先告訴我，你要我做什麼。可能的話，我就照你的意思做，問題不就處理了嗎？」

　　於是，格諾瑪能馬上了解他們的期望，如果他有疑問，便針對疑點發問，如果雙方的意見始終不一致，最後便開始根據什麼要做，什麼不做來互相協商。

　　如果雙方談不攏，加強收集信息，以增己之長，攻彼之短，重新談判；倘若最終還是不能達成協定，開始尋求妥協之道。通過這個流程，這些事情的處理變得可以按部就班，就單純、輕鬆多了。

　　對於每個人來說都是這樣，對於一個領導者更是如此。在行使權利下達命令時，原則上要堅決，但情感語氣要柔軟溫和，這樣才不會給下屬以盛氣凌人的感覺，下屬才會真正服從指令，把任務完成或按規章做事。如果只是一味地強硬到底，那就會引起下屬的反感和不滿，不僅不利於管理，還會降低自己的威信。

第七十七章　為而不恃

天之道，其猶張弓乎？
高者抑之，下者舉之；有餘者損之，不足者與之。
天之道，損有餘而補不足；人之道則不然，損不足以奉有餘。
孰能有餘以奉天下？唯有道者。
是以聖人為而不恃，功成而不處，其不欲見賢。

天之道，	自然運行的大道，
其猶張弓乎？	不就像拉弓射箭嗎？
高者抑之，	高了就放低一點，
下者舉之，	低了就抬高一點，
有餘者損之，	長的就把它截短些，
不足者與之。	短的就把它補長一些。
天之道，	自然的大道，
損有餘而補不足；	就是減少有餘的而去彌補不足的；
人之道則不然，	人們做事的規律卻不是這樣，
損不足以奉有餘。	總是剝奪不足的而去供奉給有餘的。
孰能有餘以奉天下？	誰能夠把有餘的拿出來去供奉給不足的呢？
唯有道者。	只有那些有道德的人。
是以聖人為而不恃，	所以聖人做事而不佔有功勞，
功成而不處，	功成業就而不去佔據，
其不欲見賢。	永遠也不願表現自己的賢能。

【智慧解析】

　　宇宙中的任何事物都是一個整體，每個事物既是邊緣又是中心，都能夠得到大自然的恩惠。從自然的角度來說，它本身永遠是平衡的，永遠都是公正的，不管是對待山川大河，還是對待花草螻蟻，都會給予相同的待遇。它又像一條巨大的溪流，總是從高流向低，從滿流到虧，始終保持著平衡。

　　老子在這裏將大道比喻成射箭時的狀態，我們在射箭時要瞄準目標，所以要與目標保持相對的平衡，才有可能射中，不然只會浪費一支箭羽。因此當箭把高了的時候，就往下放一放，低了的時候，就往上抬一抬。如果弓弦長了就減短一些，而要是短了，就加長一些，總之是要保持平衡狀態，才能箭無虛發。

　　自然大道的規律就是這樣的，盈滿多餘的地方就會自然減少，而欠缺不足的地方會自然增加。我們都知道地震中有一種現象叫地陷，它的產生就是地殼在自然運動中，發現某個地方是空的，是不足的，就會塌陷使它變成實的、足的。這就是大道的自然平衡的表現。

　　但是人類卻不是按照這樣的規律去做事的。我們常說：有錢的人越有錢，有權的人越有權；而貧窮無錢的，就越貧窮無錢。這是我們人類的悲哀，因為它是與大道的平衡相違背的，是無法得以長存的。因此聖賢的人明白了其中的奧妙，知道在自己富足的時候不要炫耀，否則就會招來災禍，使自己蒙受損失。應該在自己富裕的時候，拿出一些來去補足那些欠缺的人，為社會的平衡盡一份心，添一份力。這樣別人得到了自己的好處，會變得不太欠缺了，而自己雖然減少了一些財富，但是卻不會有災禍了。

　　有這樣一件事情：一個乞丐在路邊擺了一個小攤賣蘋果，有一個商人從他面前經過，順手向乞丐收錢的盒子裏放了一些零錢，然後繼續前

行。過了一會兒，那個商人又返回來了，他對乞丐說：「對不起，剛才我忘了拿我買的蘋果。畢竟你我都是商人嘛。」幾年過去了，一次這位商人參加一個商務酒會，有一位穿著體面的先生走過來向他敬酒，並且對他說：「我就是那個幾年前曾經在路邊賣蘋果給你的乞丐。是你對我的平等態度改變了我的人生。」想不到這一句「畢竟你我都是商人」竟會改變一個人的一生。

　　人與人之間的某些差別只不過是形式上的而已，並沒有什麼十分特別之處。所以，領先一步的人根本沒有必要自鳴得意。給他人一些幫助，使他人感受到真誠的平等，會得到他人永遠的感謝。所以最大的名氣，不是顯露的名氣；最大的財富，不是炫耀的財富；真正的平衡是順道自然的平等。我們若是顯露名氣，天道就會在我們的名氣上加上一點穢氣；我們若是炫耀財富，天道就會在我們的財富上加上一名盜賊或者點一把火。這是天道使然，誰也奈何不得；這就是天道的平等，是誰也無法抗拒的。

　　不以名為名，就可以在名分上跳舞；不以財為財，就可以在財富上睡覺。這是難得的自由，是一種放掉沉重包袱的輕鬆感覺。

第七十八章　受國之垢

天下柔弱，莫過於水。
而攻堅強者，莫之能勝。
其無以易之。
故弱之勝強，柔之勝剛，天下莫不知，莫能行。
是以聖人云：受國之垢，是為社稷主。
受國之不祥，是為天下王。
正言若反。

天下柔弱，莫過於水，	天下沒有比水更柔弱的了，
而攻堅強者，莫之能勝，	然而衝擊堅硬的東西，卻沒有勝過水的，
其無以易之。	沒有任何東西可以代替它。
故弱之勝強，	所以弱能勝過強，
柔之勝剛，	柔能勝過剛，
天下莫不知，	這個道理天下人沒有不知道的，
莫能行。	但卻沒有人能實行。
是以聖人云：	因此聖人說：
受國之垢，	能承受國家的恥辱，
是爲社稷主；	才配做國家的主宰；
受國之不祥，	能承受國家的災禍，
是爲天下王。	這才夠資格做天下的君王。
正言若反。	正話好像與事實相反。

【智慧解析】

老子在前面的好幾章中都提到了水的柔軟，這裏又再一次強調水是天下最柔軟的，沒有任何東西可以和它相比。但是水的攻擊力卻是最強的，亦是天下任何東西無法與之抗衡的。再堅硬的石頭，滴水也可以穿透，再堅固的大壩，水也可以將它沖毀。這樣說吧，都知道水火無情，水和火在給我們帶來好處的同時，也帶來過無窮的災難，這兩者被人們視為不可抗拒的災難。但是再大的火也會被水擊敗，就算在科技如此發達的今天，滅火的基本東西還是水，所以在五行中有水克火一說。可見水的攻擊力是無窮的，是無可匹敵的。

柔弱能夠戰勝剛強，如水擊石，如齒亡舌存，都表明柔弱處上，而剛強處下。這個道理我們大都知道，但是很少有人能夠以此為準則，去把控自己的性格和行為。其原因很簡單，我們所受的教育，大都是做人要頂天立地，要寧折不彎，寧剛強倔強而亡，也不苟且存活而生。所以人們心理上對柔軟就有一種誤解，認為柔軟就是懦弱，就是屈從，就是貪生怕死，因此人們是無法做到柔順軟弱的。

但是我們既然來到這個世界上，雖說必定是走向死亡的，可我們畢竟還是要活著的，而且要好好地活，誰也不希望虧待自己，更不想自己死掉。因此就要有一個真正勝任的人做我們的領袖，來指導和鼓勵我們，順延大道的原則更好地生活。這樣的人必須是要能夠承擔國家的恥辱，必須要能承載國家的災禍，這樣才可以做主宰者或君王，否則只有更快地滅亡。而這樣的君主自古以來做得最到家的，就是戰國時期越國的君王勾踐了。

一個國家的君主是應該有這樣的承受力和忍耐力的，是應該有水一樣柔軟的性情，卻有無堅不摧的能力的。那麼一個企業的管理者也應該有這樣的魄力，可以承受企業的一切勝利和失敗所帶來的榮辱及打擊，

能夠承擔起企業的重擔和壓力，這樣的領導者才能帶領員工，一同去迎接市場的考驗，一同走向壯大和輝煌！

　　有一位事業成功的商業家，從一個普普通通的事務所小職員做起，經過許多年的奮鬥，終於擁有了自己的公司，並且很受人們的尊敬。

　　有一天，這位商業家從他的辦公樓走出來，剛走到街上，就聽見身後傳來「嗒、嗒」的聲音，那是盲人用竹竿敲打地面引路而發出的聲響。他愣了一下，緩緩地轉過身。那個盲人感覺到前面有人，立刻打起了精神，上前說道：「尊敬的先生，您一定看出我是一個可憐的盲人了，能不能佔用您一點時間呢？」

　　商業家說：「我還要去會見一個重要客戶，你有什麼話就快說吧。」盲人在一個包裹摸索了半天，掏出了一個打火機，放到商業家手中，說：「先生，這個打火機只賣一美元，這可是最好的打火機啊。」於是，商業家掏錢買下了那個打火機。盲人用手摸了摸那張鈔票，竟然是一百美元，他用顫抖的手反覆撫摸這張鈔票，感激地說：「您是我遇見過的最慷慨的先生！上帝保佑您！」接著，盲人繼續說道：「您不知道，我並不是一生下來就瞎的。都是因為二十年前希爾頓的那次事故！太可怕了！」

　　商業家聽後吃了一驚，問道：「你是在那次化工廠爆炸中失明的嗎？」盲人彷彿遇見了知音，興奮得連連點頭，說：「是啊是啊，您也知道？這也難怪，那次炸死的人就有九十三個，受傷的人有好幾百，當時可是頭條新聞啊！」盲人想用自己的遭遇打動對方，爭取多得到一些錢，所以，他又可憐巴巴地說：「我真可憐啊！到處流浪，孤苦伶仃，吃了上頓沒下頓，死了都沒人知道！」他越說越激動，「您不知道當時的情況，火一下子冒出來了！逃命的人們擠在一起。我好不容易衝到門口，可是一個大個子在我身後大喊：『讓我先出去！我還年輕，我不想死！』說著，他把我推倒了，踩著我的身體跑了出去，我失去了知覺…

…等我醒來，就成了瞎子，命運真不公平呀！」

　　商業家聽完這一番話之後，冷冷地說：「事實恐怕不是這樣吧？你說反了！」盲人猛然一驚，用空洞的眼睛注視著他。接著，商業家一字一頓地說：「我當時是希爾頓化工廠的工人，是你從我身上踏過去的。你長得比我高大，你說的那幾句話，我永遠忘不了！」盲人發了好一會兒呆，突然一把抓住商業家，爆發出一陣大笑，說道：「這就是命運啊！多麼不公平！你在裏面，現在出人頭地了；我跑了出去，卻成了一個沒有用的瞎子。」

　　商業家用力推開盲人的手，舉起了手中精緻的棕櫚手杖，平靜地說道：「你知道嗎？我也是一個瞎子。也許你相信命運，但是我不信。我之所以成功，是因為我可以承受一切羞辱和災難！」

　　這樣的人才是生活的強者，才可以成為企業的領導，才能夠擔當國家的領袖！

第七十九章　常與善人

和大怨，必有餘怨；安可以為善。
是以聖人執左契，而不責於人。
故有德司契，無德司徹。
天道無親，常與善人。

和大怨，　　　　　　和解深重的仇怨，
必有餘怨，　　　　　必然還會留有殘餘的怨恨；
安可以爲善。　　　　這怎麼可以算是妥善的做法呢？
是以聖人執左契，　　因此聖人雖然保存著契約，
而不責於人。　　　　但並不用它索取苛責於人。
故有德司契，　　　　所以有德的人通過契約明確責任，
無德司徹。　　　　　無德的人只會以它去苛責追究。
天道無親，　　　　　天道沒有偏愛親疏，
常與善人。　　　　　永遠伴隨著有德的善良人。

【智慧解析】

　　每個人都是生活在社會之中，都有自己的親人和朋友，而自己的親人和朋友也還有各自的朋友和親人，這就像一根鏈條，一環套一環，緊密連接著。但是如果有一環鬆開了，那麼這根鏈條也就斷掉了。所以我們都不是單獨存在於這個世界上的，都要與人交往，都要和人相處，就好比是鏈條的一個環，我們這個環會不會鬆開，就看自己的心態是怎樣的了。

　　老子說，深重的仇怨就算得到和解，也必定還留有殘餘的怨氣。就像破碎的鏡子，就算從新拼湊起來，也會留有裂痕是一樣的。那麼唯一能化解仇怨的辦法，就是沒有仇怨的產生，這樣也就無須再擔心留有遺憾了。所以我們為人處世的時候應以一種自然的方式去修為，對一切事一切人都保持著一種平和的心態，不分親疏遠近，不計較個人得失，也就不會和他人有矛盾產生，從而不會積累怨氣。

　　其實，我們經常要和很多人交往，其間不可能沒有摩擦，不可能每個人都對我們很好，所以就會有不滿、怨氣產生。每個人的心中都會有怨氣，怨氣的產生可能來自不同的事情，但歸根結底是由自己造成的，而且究其原因就只有一個：他人對自己不好，得罪了自己。如果我們心中的怨氣得不到妥善的化解，怨氣就會越來越多、越來越大，最後只會把自己逼瘋。試想有誰願意和一個滿身怨氣的瘋子打交道呢？又有誰願意和一個自私的怨氣大王做朋友呢？這是肯定沒有的。最後致使自己成為一節鬆開的鏈環，孤獨地生活在這個世上。而一個沒有朋友、親人，只有怨氣的人，是否還有生活的樂趣和必要呢？

　　因此老子告訴了我們，只有做一個有德的人，盡量去避免與人產生矛盾，才能避免積成怨氣。如果已經有了怨氣，就要從自己的心中徹底地根除，不要讓它積累和發洩，這樣就不會有更大的怨氣產生了。而真

正有道德、有涵養的智者，是遵循大道的自然規律的，萬事順其自然，不強求、不逼迫他人，只會用自己的真心去幫助和關心他人。就像欠債一樣，一個有德的人是不會去逼迫他人還錢的，因為他相信自己也相信別人，既然能將錢借給對方，那就充分相信對方在方便的時候一定會還；而一個無德的人，就會逼迫他人盡早盡快地還錢，生怕他人賴帳，而也因此與他人結怨生仇，最後連朋友都失去了。所以有德的人不僅不會與人結怨，而且還會增進朋友之間的情感；而無德的人不僅傷害了朋友之間的感情，還會化友為敵，得不償失。

由此可見，有德與無德、怨恨與善良，就存在於我們的心裏，完全取決於我們的想法與心態！

曾經有兩個商人在沙漠中迷路了，他們不辨方向，走得是又渴又餓。突然他們發現前面有一個趕著駱駝的老人，感到喜出望外。老人分給他們每個人半小碗水，其中的一個商人抱怨水太少了，根本不夠解渴，氣憤之下竟把珍貴的水潑掉了；另一個商人卻發自內心地感激老人的施與之恩，他喝下了那小半碗水。接著，這兩個商人一齊同老人趕路，沒有喝水的商人走著走著，再也走不動了，最後渴死在沙漠裏；而那個喝了水的商人終於和老人走出了沙漠。

真正的道德就是天道的自然，天道是沒有偏愛的，也是不會產生怨氣的，萬事萬物都是它的兒女。靠近它的，順著它的，活得自在；逆著它的，背離它的，自取滅亡。

第八十章　小國寡民

小國寡民，使有什伯，人之器而不用，使民重死，而不遠徙。
雖有舟輿，無所乘之；雖有甲兵，無所陳之。
使民復結繩而用之。
甘其食，美其服，安其居，樂其俗。
鄰國相望，雞犬之聲相聞，民至老死不相往來。

小國寡民，	人口稀少的小國家，
使有什伯，	使人們得到教化和簡單的生活，
人之器而不用，	而人們所有的器具不會得到使用，
使民重死，	使人民重視生命、畏懼死亡，
而不遠徙。	而不會向遠方遷移。
雖有舟輿，無所乘之；	雖然擁有車船卻沒有需要乘坐去的地方；
雖有甲兵，無所陳之。	雖然擁有盔甲武器，卻沒有使用它布陣的機會。
使民復結繩而用之。	教導人民回復到以結繩而用於記事的方式中。
甘其食，	人民都會以自己的食物為甜美，
美其服，	以自己的衣服為美麗，
安其居，	以自己的居所為安適，
樂其俗。	以自己的習俗為歡樂。
鄰國相望，	鄰國之間可以相互看見，
雞犬之聲相聞，	雞鳴狗吠的聲音都可以相互聽到，
民至老死不相往來。	但兩國人民從出生到老死也不相互往來。

【智慧解析】

我們看到老子的「小國寡民」的言論，會有人認為這是一種反文明的思想言論，應該給予批判。因為他主張要人們回到遠古時代去，要人們絕賢去智，要人們放棄科學技術的發展，不讓人們有知識有文化，明目張膽地提倡讓人們回到結繩記事的時代，閉關鎖國，這不是讓人們退步而不思進取嗎？誠然，老子的這種言論是有他的局限性，但是我們如果從有利的一面去理解，就會發現這種思想所表現的生活方式，正是我們孜孜不倦地追求的。他所衍生的社會狀態與我們所嚮往的和平安寧的境界有什麼不同嗎？可以說，他是一種伊甸園、桃花源式的理想境界。

我們先不去探討老子的觀點是否正確，是否可行，單從治國立身的角度去看，就能夠明白老子的真意不是讓我們倒退，而是希望我們能夠排除奢侈心，懷著感激的心情來享受我們現在所擁有的一切。

李商隱在他的《詠史》中有這樣的詩句：「歷覽前賢國與家，成由勤儉破由奢」。可見奢儉對國與家的興衰是何等重要！它對於個人來講就更加重要了。奢則多欲，奢則貪婪，而貪婪往往與災禍同行。

很久以前有兩位虔誠的教徒，他們是要好的朋友，約好了一同去遙遠的聖地朝聖。他們一路上披星戴月、風餐露宿，吃了不少苦頭。走了一段時間後，遇到了一位有神力的長者，這位長者被兩個教徒朝聖的虔誠之心所打動，希望幫助他們，於是便說，此去聖地仍然山高路遠，願意送給他們一份禮物，這份禮物就是兩個人中的一個人先許願，他的願望就會馬上實現，而第二個人同時可以得到那個願望的兩倍。這時，他們其中的一個人想：真實太好了，我的心願一定可以達到，不過我可不能先說出來，那樣我就吃了虧，他會得到高於我一倍的好處。於是他就假裝思索而不開口說話。另一個教徒也在想：我絕不能先講，讓他得到高於我一倍的好處。於是，他們開始互相推讓，希望對方先說出願望。

一番虛情假意的推讓之後，兩個人都有些不耐煩了，說話的聲音越來越大，語氣也越來越不友好，最後兩個人吵翻了臉，其中一個生氣地說：「我先說就我先說！我希望……我斷掉一條腿！」話音剛落，他的一條腿便立刻從大腿根斷掉了，而他的好朋友的雙腿也立刻斷掉了。

貪婪會摧毀人性：本來是一件可以得到禮物的美好事情，由於不知足，使幸福變成了痛苦，使朋友變成了敵人。所以，知足常樂是一條亙古不變的真理！上天賦予人類的東西，比如功名利祿，都是具有一定限度的，我們所得到的，諸如衣物、食品、金錢等，都是一種恩賜，都是一種快樂和幸福。我們怎能不感到滿足呢？怎能不心懷感激呢？只有認真地享受已經擁有的快樂和幸福，才能永遠的平安。如果不知足，就會突破快樂的極限，也就會生出悲哀來，而禍患也就隨之來臨了，那也就沒有幸福平安可言了。

很久很久以前，有一匹駿馬發現了一片水草豐美的草場，牠興奮極了。就在它萬分高興的時候，有一隻美麗的梅花鹿也發現了這片草場，就跑過來吃草，新鮮的青草是那麼好吃，梅花鹿吃得十分專注，根本沒有注意到駿馬的存在。

駿馬看到梅花鹿也來吃草，非常生氣，牠氣勢洶洶地跑過來，對梅花鹿大聲吼道：「這是我的草場，你給我滾出去！你不能在這裏吃草！」

梅花鹿嚇了一大跳，抬起頭來一看，是一匹高大的駿馬對自己怒吼。牠定了定神，很和氣地對駿馬說：「你說這片草場是你的，有證據嗎？」駿馬聽了更生氣了，吼道：「你給我等著，我這就去給你找證據。」

於是，駿馬就去找證人來證明這片草場是牠的。牠在山角下發現了一戶人家，主人正在不遠處耕地，就跑過去對那家的主人說：「請你為我作證好嗎，證明那邊的草場是我的。」這家的主人想了想，說：「我可以為你作證，但是你也要答應我一件事，就是戴上籠頭和馬蹄鐵。」

駿馬急於證明那片草場是牠的，便不假思索地答應了。

　　就這樣，那個人給駿馬套上了籠頭，打上了馬蹄鐵，騎著馬來到了那片美麗的草場，他為駿馬作證，善良的梅花鹿信以為真，再也沒有來這片草場吃草，草場於是就屬於駿馬了。

　　不過，駿馬因為戴上了籠頭和馬蹄鐵，就只能每天給那個人幹活兒了。只有在幹完活兒以後，主人才會把牠牽到那片豐肥的草場上吃草。

　　本來那匹馬可以和梅花鹿共同享受這片水草，但是由於牠的貪婪導致牠成為人類的奴隸，失去了應有的自由和幸福。所以快樂和幸福是不能可以去苛求的，只要我們能真心對待所擁有的一切，不過分地要求，就能享受到快樂和幸福！

第八十一章　為而不爭

信言不美，美言不信。
善者不辯，辯者不善。
知者不博，博者不知。
聖人不積，既以為人己愈有；既以與人己愈多。
天之道，利而不害；聖人之道，為而不爭。

信言不美，	真誠的言辭不會有華麗的辭藻，
美言不信。	華麗的辭藻不會有真誠的言語。
善者不辯，	善良的人不會巧言辯護，
辯者不善。	巧言辯護的人不會善良。
知者不博，	深入了解的人不廣博，
博者不知。	學問廣泛的人不會有精深的見解。
聖人不積，	聖人不會為自己藏私，
既以爲人己愈有；	盡全力幫助人，自己反而更加富有；
既以與人己愈多。	盡力給予他人，自己反而更有盈餘。
天之道，	自然運行的規律，
利而不害；	是有利於萬物而不傷害它；
聖人之道，	聖人做事的原則，
爲而不爭。	對他人有所為幫助而無所爭奪。

【智慧解析】

　　這是老子《道德經》最後一章，老子在前面的八十個章節中反覆講解了有道德的人的處世方法和行為準則。但是老子還是怕天下人有所不明，因此在最後一章又一次強調了順道者應具備的思想品德和應遵循的行為標準，並真誠地希望所有的人都能以此為座右銘，獲得快樂和幸福，自由自在地生活！

　　順道之人應是具有良好品德的人，是有誠信度的人，說出的每一句話都應代表著自己的真誠。而真誠的語言有一個特性，那就是沒有華麗的言辭來修飾，只有樸素的言語來表露內心的真實感受；而不真誠的語言正好相反，會用太多的華美辭彙來掩蓋內心的不真實。這也正是古人所說的：忠言逆耳！而那些不真誠的人多半不會有善良的本性，多是一些巧言令色之徒，多會無理狡三分、有理不饒人。而順道之人因為真誠待人，所以也就以善良為本，也就不會有太多的狡辯之詞，更不會得理不讓人。

　　有一個故事更能使我們了解一個順道之人的自然胸襟和善良情懷。故事講的是在十八世紀的日本，有一位百忍禪師，他道行高深，極負盛名。百忍禪師是一位生活純淨的修行者，在他住處的附近有一對開食品店的夫妻，家裏有一個漂亮的女孩。可是，那個女孩的肚子卻無緣無故地大起來。這當然是見不得人的事，夫婦二人大怒，逼問女兒孩子的父親是誰。女兒吞吞吐吐地說出「百忍」兩字。她的父母怒不可遏地去找百忍理論，可這位大師卻不置可否，只是若無其事地答道：「就是這樣嗎？」孩子生下來後，就被送給百忍。此時，雖然他已是名譽掃地，但他並不以為然，只是非常細心地照顧孩子。即使在他向鄰居乞求嬰兒所需的奶水和其他用品時橫遭白眼或冷嘲熱諷時也泰然處之。

　　一年後，那位未婚媽媽終於不忍心再欺瞞下去了，老老實實地向父

母吐露真情，原來孩子的生父另有其人。她的父母立即將她帶到百忍禪師那裏向他道歉，並將孩子帶回。百忍仍然沒有什麼表示，更沒有教訓他們，只是在交回孩子的時候輕聲說道：「就是這樣嗎？」彷彿什麼事都不曾發生，而從此以後，百忍禪師卻得到更多的人的尊敬和崇拜，都說他是一位有道的高僧。

對待事物有一種自然平和態度，保持著自己真誠的本性，就不需要用太多的言辭去辯解和爭論，事物自然而然地朝著它的本來面目發展，而使自己得到更多人的認同和尊敬。反之，如果一味地辯解和爭論，也許會使事情水落石出，也可能會得到人們的諒解，但是也就僅此而已。不會得到他人的尊敬與崇拜，甚至有可能還會給自己招來更大的麻煩。

因此，老子最後的總結語是：「天之道，利而不害；聖人之道，為而不爭。」這充分說明了順道之人是與天道自然相和的。大道的自然規律可以幫助萬物生長，但從來不會去傷害它們；得道之人的處世方式也是以幫助他人為根本，而不去與人爭辯搶奪。所以說得道之人自己沒有利益的要求，但是最終卻獲得最豐厚的利益；得道之人做事只求對他人有幫助，不與人爭鬥，最後卻得到了他人的尊重和崇拜。

所以我們應效法得道之人的行為準則和思想境界，做到以誠待人，為他人著想，不與人爭一時之利，這樣我們自己也會少一些敵人，多一些朋友，就能真正感覺到生活的美好和快樂！

道德經的智慧／丹明子編著. -- 一版. --

臺北市：大地，2007〔民96〕

面： 公分. --（智慧存摺：3）

ISBN 978-986-7480-73-6（平裝）

1. 道德經　2. 研究與考訂

121.317　　　　　　　　　　96001200

道德經的智慧

智慧存摺 03

作　者	丹明子
發 行 人	吳錫清
主　編	陳玟玟
出 版 者	大地出版社
社　址	114台北市內湖區瑞光路358巷38弄36號4樓之2
劃撥帳號	50031946（戶名　大地出版社有限公司）
電　話	02-26277749
傳　眞	02-26270895
E‐m a i l	vastplai@ms45.hinet.net
網　址	www.vastplain.com.tw
美術設計	普林特斯資訊股份有限公司
印 刷 者	普林特斯資訊股份有限公司
一版三刷	2010年1月

大地

定　價：220元

Printed in Taiwan